MW01643809

EL MUNDO SEGÚN
claudio

EL MUNDO SEGÚN

Claudio

Pat Garret y Billy el Niño
nunca tuvieron novia

Roberto Santiago

edebé

Paseo de San Juan Bosco, 62
08017 Barcelona
www.edebe.com

Ilustraciones: Santiago García-Clairac.
Diseño de cubierta: Cristina Terré.

2.ª edición

ISBN 84-236-7283-2
Depósito Legal: B. 10111-2004
Impreso en España
Printed in Spain
EGS - Rosario, 2 - Barcelona

Índice

1 Una cosa muy importante

El silencio es una cosa que es muy importante. A mí, algunas veces, me gusta estar callado y pensar, y estar muy tranquilo y que nadie diga nada. Pero resulta que todo eso del silencio es muy difícil. Mucho más difícil de lo que puede parecer a primera vista.

Mi padre y mi madre estaban aporreando la puerta de mi habitación.

—Abre de una vez, Claudio.

—Por el amor de Dios, Claudio, abre la puerta.

No paraban de dar golpes y de decir que les abriera la puerta.

Pero yo en ese momento no podía abrir porque estaba muy ocupado. Estaba asomado a la ventana de mi cuarto. Y estaba muy tranquilo. Oyendo el trinar de los pájaros, el sonido del viento en las hojas de los árboles..., todas las cosas bonitas que hay en el mundo. Mi madre siempre me dice que tengo que apreciar todas las cosas pequeñas y bonitas que hay en el mundo, y yo normalmente no lo hago porque no tengo tiempo o porque me parece muy aburrido.

Así que, para una vez que las estaba apreciando, no iba a dejarlo.

—¡He dicho que abras la maldita puerta!

Mi padre a veces, cuando no le haces caso, se pone muy nervioso y dice «la maldita puerta» o «la maldita sopa» y una vez incluso dijo «la maldita televisión». Pero eso fue una vez que se puso rojo y parecía que se iba a ahogar de lo enfadado que estaba, porque mi hermano Félix había traído a unos amigos a casa y estaban viendo en el vídeo películas que eran para mayores; así que mi padre los echó fuera y dijo que no quería volver a verlos, y a Félix le castigó sin salir dos meses y al final, gritando muy fuerte, dijo: «¡La maldita televisión!»

Yo no pensaba abrir la puerta porque, si abría la puerta, ya sabía lo que iba a pasar, y lo que iba a pasar no me gustaba nada.

—Abre, abre, abre...

Para no oír a mi padre y a mi madre al otro lado

de la puerta, me tapé los oídos y me puse a gritar con todas mis fuerzas:

—¡¡Aaaaaaaaah!!

2 Los tiempos han cambiado

Pat Garret miró a Billy el Niño y le dijo:

—Los tiempos han cambiado, Billy.

Billy tenía su *colt* del cuarenta y cinco en la mano y seguramente acababa de disparar a alguien. Miró a Pat y le contestó:

—Los tiempos, es posible. Yo no.

Hubo una época en que Pat y Billy eran muy buenos amigos y siempre cabalgaban juntos por la pradera y atracaban los bancos y los trenes ellos dos juntos. Eso era al principio, antes de que Pat Garret fuera el *sheriff*.

Eran los mejores amigos del mundo y nadie podía detenerlos.

Disparaban muy rápido. Iban a caballo a todas partes. Y no les importaba nada más.

Después las cosas cambiaron.

Billy el Niño seguía disparando rápido. Mon-

tando a caballo. Y seguía sin importarle nada más.

Pero ahora Pat Garret ya no era su amigo. Ahora Pat Garret era el *sheriff* y tenía que detenerle.

Todo eso lo sé porque lo he leído en *La verdadera historia de Pat Garret y Billy el Niño,* que me regaló mi abuela hace dos años. Nunca la había leído hasta ahora porque no tiene dibujos y yo pensaba que era un rollo. Es un libro muy grande con las tapas de color verde y tiene una fotografía con unas pistolas muy grandes en la portada, que yo creo que son las pistolas de Billy el Niño, aunque no estoy muy seguro.

Es un libro que me gusta un montón y no es un rollo. Es la mejor historia que he leído nunca y me la regaló mi abuela, aunque eso no significa que mi abuela sea muy divertida ni nada.

—Mira, Claudio, ha venido la abuela —dijo mi madre.

Como si yo no lo supiera.

A ver si se piensa que soy idiota.

Los golpes seguían sonando en la puerta de mi habitación. Así que al final ya estaba tan cansado de oír los golpes y los gritos, que abrí la puerta y me

encontré a mi padre y a mi madre que me miraban fijamente como si yo fuera el mayor criminal de la historia. Mi padre no es Pat Garret y yo no soy Billy el Niño, pero de todos modos me dijo:

—Los tiempos han cambiado, Claudio. Ya no eres un niño.

Yo le miré y vi que llevaba una maleta en la mano. Y pensé que podría decirle: «Los tiempos, es posible. Yo no.» Pero mejor no le dije nada, porque parecía que estaba muy enfadado.

Estaba tan enfadado que dejó la maleta en mi habitación y no dijo nada más. Mi madre me miró y puso cara de «vamos a arreglar esto por las buenas» y luego dijo:

—Mira, Claudio, ha venido la abuela Auxi.

La abuela Auxi es la madre de mi padre.

La abuela Auxi estaba sentada en el sofá del salón. Tenía un gran maletón de color marrón delante que era muy parecido a la otra maleta que mi padre había dejado en mi habitación.

Yo le di un beso y luego dije:

—Hola, abuela.

Ella no dijo nada.

La abuela Auxi casi nunca dice nada. Prefiere estar callada y mirarte como si cualquier cosa que dijeras fuera una tontería.

A veces incluso mueve un poco las cejas, y entonces eso significa que la tontería que has dicho es una tontería de las gordas.

Después miré a mis padres y dije:

—No quiero dormir con la abuela.

Mi padre cogió el otro maletón de la abuela y dijo:

—No te preocupes, no vas a dormir con la abuela.

Y después metió el segundo maletón también en mi habitación. Y lo hizo todo muy deprisa. Y a mí me pareció que se estaba riendo. Que se estaba riendo de mí. Claro que eso no puede ser, porque un padre nunca se ríe de un hijo.

Mientras tanto, mi madre se agachó y me dijo:

—Claudio, la abuela va a dormir en tu cuarto.

—Pero papá acaba de decir que yo no...

—Escucha —dijo mi madre muy seria—: papá te ha dicho que no vas a dormir con la abuela. Y eso es verdad, porque vas a dejarle tu cuarto y tú te vas a ir a dormir al cuarto de Félix.

—¿Qué?

—Es una solución temporal.

La abuela Auxi movió un poco las cejas y después se metió en mi habitación.

Intenté explicarle a mi padre que ésa no era una buena idea, que yo tenía todas mis cosas en mi habitación, y que la abuela no iba a estar cómoda, que era mejor que durmiera en otro sitio, y que yo no quería irme de mi habitación y un montón de cosas que yo creo que mi padre no escuchó, porque lo único que hacía era meter cosas y más cosas de la abuela Auxi en mi habitación. Y al final también metió a la abuela. Entonces comprendí que todo estaba perdido.

La abuela Auxi se sentó en mi cama como si tal cosa, sacó una especie de flotador de goma de la maleta y empezó a soplar y a hincharlo con la boca.

Yo cogí mi mochila y mi libro *La verdadera historia de Pat Garret y Billy el Niño* y me fui de allí.

Antes de irme eché un último vistazo desde la puerta y recordé todos los momentos buenos que había pasado en esa habitación: mirando por la ventana, leyendo mis tebeos, jugando en la consola de videojuegos... En fin, los recuerdos se amontonaron y me puse un poco triste.

Por lo visto, a la abuela Auxi la habían expulsado de la residencia de ancianos, aunque ella dijo que se había ido porque echaba de menos a su familia. Supongo que si yo estuviera en una residencia de ancianos también querría que me echaran, para volver a casa de mis hijos y quitarle la habitación a mi nieto.

La abuela terminó de hinchar su flotador de goma y resultó que no era un flotador ni nada; era un muñeco. Bueno, exactamente era un santo hinchable, de tamaño natural, que representaba la figura de un hombre con barbas arrodillado y rezando. Yo, como no sé mucho de santos, no sé si era santo Tomás o san Ignacio o san Pablo. Lo que estaba claro es que era un santo hinchable. La abuela lo cogió y lo puso encima de mi mesa.

Mi habitación cada vez se parecía un poco menos a mi habitación.

Yo me fui donde tenía que ir. Al cuarto de Félix, mi hermano mayor.

Abrí la puerta de su habitación con mi mochila al hombro. Félix no tuvo tiempo de reaccionar. Creo que él ya sabía de qué iba todo esto, porque nada más verme empezó a gritar:

—¡Aaaaaaaaaahhhhh!

3 Yo no soy un chivato

Creo que ya lo he dicho, pero lo voy a volver a decir por si alguien no se ha enterado todavía: el silencio es una cosa muy importante, y también muy difícil.

A veces vienen mis amigos a mi casa y mi madre nos da la merienda en la cocina mientras hacemos los deberes para el día siguiente. Ese día habían venido todos: el gordo Guillermo, su hermana Belén, mi mejor amigo Óscar, y también había venido Pili. Y todos estábamos allí sentados, estudiando Matemáticas.

No se oía nada.

Sólo se oía un ruido muy pequeño, que era el ruido que hace un bolígrafo cuando escribes. Bueno, mejor dicho, cinco bolígrafos. Y también se oía un ruido un poco más grande, que era el ruido de Guillermo al masticar su bocadillo de salchichón.

—Perdón —dijo Guillermo, cuando se dio cuenta de que era el único que hacía ruido.

Y se tragó todo el bocadillo de un bocado y ya dejó de masticar.

Todos estábamos muy concentrados porque dentro de pocos días teníamos un examen muy importante de Matemáticas y nadie quería suspender.

Entonces vi que Óscar estaba copiando su ejercicio de Guillermo.

Al principio pensé que simplemente estaría mirando por casualidad, pero Óscar seguía copiando y copiando de Guillermo, que no se enteraba de nada.

Lo peor que se puede ser en este mundo es ser un chivato, como el gordo Bob Wilson, que le dijo a Pat Garret dónde estaba Billy. Le dijo: «Está en la granja.» Y sabía que Pat Garret lo estaba buscando para detenerlo, pero a pesar de todo el gordo Wilson se chivó.

Yo no soy un chivato. Lo que pasa es que copiar en un examen es una cosa, pero copiar en la cocina es una tontería y no sirve para nada, y además Óscar me estaba poniendo muy nervioso.

Así que dije:

—Deja ya de copiar de Guillermo.

—¿Qué? —dijo Guillermo—. ¿Quién me está copiando?

—Eres un chivato —dijo Óscar.

—No soy un chivato. Además, no se lo he dicho a nadie, te lo he dicho a ti —dije yo.

No me gustó nada eso de que Óscar me llamara chivato.

—El que se chiva es un chivato —dijo Guillermo.

—Y tú eres un bocazas —dije yo.

Encima que le había dicho que le estaban copiando, ahora también Guillermo me llamaba chivato. Está visto que lo mejor es tener la boca cerrada.

—Dejadlo ya —dijo Belén.

—Sí —dijo Pili—. Queremos estudiar.

—A mí no me lo digáis —dijo Óscar—. Que yo estaba aquí muy tranquilo haciendo los ejercicios.

—Claro, muy tranquilo y copiándome todo.

—Mira, Guillermo, la verdad es que Claudio tiene razón: eres un bocazas.

—Y tú, un copión, que ni siquiera sabes hacer los problemas de Matemáticas —dijo Guillermo.

—Bocazas —dijo Óscar.

—Copión —dije yo.

—Chivato —dijo Guillermo.

Pero a la que más se oyó fue a Belén, que sin levantar la cabeza del cuaderno, dijo:

—¡SILENCIO!

Todos nos quedamos callados.

El silencio es muy importante, y además, una de las cosas que pueden pasar si hablas demasiado es que Belén se enfade. Belén tiene unos ojos muy grandes y yo creo que es la chica más guapa del mundo que yo he visto nunca, y yo no quiero que se enfade y ya está.

Todos callados.

A veces no estudiamos en la cocina de mi casa.

A veces también vamos a casa de Belén y Guillermo a estudiar o a merendar o a lo que sea.

Es una casa que es muy parecida a la mía, sólo que la cocina es un poco más pequeña y no cabemos todos.

Al día siguiente fuimos a casa de Belén y Guillermo, que son hermanos y cada uno tiene su propia habitación.

Belén y Pili estaban ellas dos solas en la habi-

tación de Belén. Ésta se había sentado en su cama, mirando una revista que no estoy seguro qué revista era, pero que yo creo que era una revista de música, porque había una foto de Ricky Martin, y le estaba enseñando la foto a Pili, que se había sentado justo frente a ella.

—Cuerpo —dijo Belén.

—Ocho —dijo Pili.

—Cara.

—Siete y medio.

—Personalidad.

—Hummm... —dijo Pili, mirando la foto como si fuera a adivinar exactamente la personalidad de ese tío—. Cuatro. No, tres. Dos y medio.

Belén y Pili se reían y parecía que se lo pasaban muy bien.

Y entonces todo se volvió negro y ya no pude seguir viendo nada más.

Yo estaba tumbado en el suelo, mirando por un agujero que hay en el papel pintado de la pared de la habitación de Guillermo, que es una habitación que está justo al lado de la de su hermana Belén.

No sé si el agujero ya estaba allí o si lo había

hecho Guillermo o qué, pero eso a mí me daba lo mismo.

Óscar estaba sentado en un taburete a mi lado, muy atento a lo que estaba ocurriendo.

Guillermo acababa de tapar el agujero con la mano y por eso todo se había vuelto negro y yo había dejado de ver lo que pasaba en el cuarto de Belén. Guillermo decía que era su agujero y que él lo tapaba cuando le daba la gana. En ese momento, estaba mirando su reloj de muñeca fijamente.

—Se acabó. Un euro, 100 segundos —dijo Guillermo.

—¿Ya? —dije yo.

—Ya.

—Ahora déjame a mí, Guille —dijo Óscar.

Guillermo abrió la mano y muy tranquilamente le dijo:

—Paga primero.

Óscar empezó a rebuscar en sus bolsillos. Sacó un montón de cosas: canicas, chicles, y hasta un cromo de Mónica Naranjo, que es una cantante que por lo visto a Óscar le gusta mucho aunque yo ahora no estoy seguro de quién es. Yo también miré a ver si tenía algo en los bolsillos, hasta que encontré lo último que me quedaba: una moneda de cincuenta céntimos.

Óscar parecía un poco enfadado, y más cuando vio que yo tenía dinero y él nada.

Miré a Guillermo poniendo cara de bueno y le pregunté:

—¿Cuánto me das por esto?

—Ya lo sabes. Cincuenta céntimos, cincuenta segundos. Ni uno más ni uno menos. Son las tarifas.

Guillermo parecía uno de esos vendedores del parque de atracciones que te cobran antes de subir a la montaña rusa y que encima parece que te están haciendo un favor por dejarte subir.

—Yo te lo pago mañana, ¿eh, Guille? —dijo Óscar.

—Lo siento, se paga por anticipado.

—Toma —dije yo, y le di rápidamente mi última moneda.

Guillermo quitó su mano del agujero y en seguida empezó a mirar su reloj, y yo, por si acaso se acababa el tiempo, me tumbé rápidamente para poder mirar.

Ahora sólo se veía a Belén, que seguía teniendo la revista delante, pero que ya no le hacía ningún caso. Pili debía de estar de pie, cerca de la puerta, porque es donde miraba Belén todo el rato.

—¿Me lo vas a contar o no? —dijo Belén.

—No sé... —dijo Pili.

Y estuvieron así un rato. Belén preguntándole si se lo iba a contar, y Pili diciendo que no sabía, que era un secreto muy importante, y que no sabía si contárselo o no.

Hasta que al final Pili dijo:

—Venga, te lo voy a contar. Pero tienes que prometerme que no se lo vas a decir a nadie.

—Te lo prometo —dijo Belén.

—Pero a nadie, nadie.

—Que sí, te lo prometo.

Y Pili se acercó a Belén. Yo estaba muy atento a ver qué decía, y justo en ese momento la manaza del gordo Guillermo se puso delante del agujero y ya no puede ver nada más.

—Ya han pasado los cincuenta segundos —dijo.

4 Vuestro padre tiene algo que deciros

Yo siempre he visto a mi padre fumando. Él dice que empezó a fumar el día que yo vine al mundo. A lo mejor fue para celebrar que yo había nacido, o a lo mejor es que estaba muy nervioso, o a lo mejor no tiene nada que ver y empezó a fumar ese día porque le dio la gana.

Lo normal es que mi padre esté fumando y a nadie le parezca raro, porque casi siempre tiene un cigarrillo en la boca.

Pero esa noche no.

O sea, no es que no tuviera un cigarrillo en la boca. Sí que lo tenía, igual que todas las noches después de cenar. Pero todos le estábamos mirando muy atentamente.

Mi padre daba unas caladas muy lentas. Como si estuviera saboreando el cigarrillo o algo así.

Y mi madre le sujetaba el cenicero, justo a su lado, mirándole cada vez que daba una calada.

Mi hermano Félix y yo también estábamos muy atentos, mirándole fijamente, sin perdernos ningún detalle.

La que no le miraba era la abuela Auxi, que nada más cenar se había quedado completamente dormida en el sofá del salón.

Allí estábamos todos los demás, mirando atentamente a mi padre cómo se fumaba su cigarro. La verdad es que parecía que estaba muy feliz. De vez en cuando echaba un poco de ceniza en el cenicero que le sostenía mi madre, y luego seguía fumando.

Era una situación un poco rara, la verdad.

Mi padre fumando y nosotros mirándole como si fuera una especie de espectáculo del circo o algo así.

Entonces mi padre por fin se terminó el cigarrillo. La verdad es que se lo fumó hasta que ya no quedaba nada, y casi se quemó los dedos.

Mi madre dejó el cenicero encima de la mesa y se puso muy seria y dijo:

—Aquí, el padre de familia tiene algo muy importante que deciros.

Mi padre se puso de pie y carraspeó un poco.

—Este cigarrillo que acabo de apagar... era el último. Después de diez años fumando, éste ha sido mi ÚLTIMO CIGARRILLO. Se lo he prometido a vuestra madre y a mí mismo, y lo voy a cumplir. Así como lo oís. Estáis delante de un ex fumador. Sí, señor.

Mi padre parecía que estaba muy contento y le dio un beso a mi madre y todo. Luego salió del salón tarareando y dando saltos de alegría y se fue a la cocina con el cenicero entre las manos.

Ojalá mi padre dejara de fumar todos los días.

Normalmente nunca está tan contento.

Yo me levanté emocionado para decirle que estaba muy orgulloso de él y que me parecía muy importante lo que estaba haciendo... y de paso pedirle un aumento en mi paga semanal. Parecía que ése era un buen momento.

Pero cuando abrí la puerta de la cocina, mi padre ya no estaba tarareando ninguna canción ni nada. Mi padre estaba agachado delante del cubo de la basura, muy serio, mirando el cenicero con su último cigarrillo. Parecía que estaba rezando o que se estaba despidiendo del cigarro o algo así, pero seguramente es que yo no entendí bien lo que hacía.

Yo le iba a preguntar si se encontraba bien, pero de pronto una cosa nos interrumpió.

De pronto los dos, mi padre y yo, nos quedamos paralizados porque un ruido horrible venía del salón y parecía uno de esos monstruos de las películas de terror que atacan a las chicas indefensas y que asustan a todo el vecindario.

Era un ruido espantoso.

Era como una especie de gruñido.

Era... mi abuela que estaba roncando.

No quiero exagerar. Pero cuando mi abuela se pone a roncar, no hay quien le gane. Estoy seguro de que en un concurso mundial de ronquidos la abuela Auxi estaría en la final.

Ronca muy fuerte.

Y ronca todo el rato. A cualquier hora.

Del día o de la noche. Sobre todo de la noche, cuando estás durmiendo y de pronto te despiertas de un salto por culpa de los ronquidos.

La otra noche, por ejemplo, me desperté a las tres de la madrugada. Al principio no sabía qué podía ser aquel ruido horrible, pero luego en seguida me di cuenta de lo que era.

Así es que salí de la habitación.

El pasillo estaba a oscuras. Todas las puertas de todas las habitaciones estaban cerradas. Y el ruido cada vez se oía mejor. Venía de mi cuarto. Mejor dicho, de mi antiguo cuarto. El cuarto que mi abuela me había quitado.

En ese momento se abrió la puerta de la habitación de mis padres y aparecieron mis padres en pijama.

Mi padre se frotaba los ojos como si no pudiera creerse que ese ruido pudiera ser de mi abuela.

—No puede ser —dijo mi padre.

—Sí puede ser —dijo mi madre.

Y todos nos acercamos a la puerta de mi antiguo cuarto y el ruido era gigante, hasta daba un poco de miedo.

En seguida también apareció mi hermano Félix.

—¿Pero se puede saber...? —dijo.

Al vernos a todos allí, en seguida entendió lo que estaba pasando.

—A ti también te ha despertado, claro —dijo mi madre.

—Sí. Es la abuela, ¿no?

—Claro que es la abuela —dijo mi padre, que parecía que estaba muy enfadado—. Esto es increíble.

—Serrano es uno de mi clase que su padre es médico y que dice que los ronquidos tienen mucho que ver con lo que estás soñando —dije.

—Pues la abuela debe de estar soñando con un concierto de tambores por lo menos —dijo Félix.

Mi padre dijo que nos callásemos de una vez y que un poco de respeto.

—Un poco de respeto —dijo.

Eso de los ronquidos, cuando les pasa a los demás, puede parecer una tontería, y la gente muchas veces se ríe cuando le dices que tu abuela ronca un montón, pero cuando te pasa a ti, entonces no es nada divertido.

—¿No podemos hacer nada? —dijo mi madre.

Mi padre se encogió de hombros y dijo:

—Estoy pensando.

Al final a mi padre lo único que se le ocurrió fue hacer ruido con la boca a ver si así mi abuela dejaba de roncar. Así que empezó a chasquear con la lengua, y después mi madre también, y como la abuela seguía roncando, pues Félix y yo también.

Y así estuvimos un rato.

Haciendo chasquidos con la lengua en mitad del pasillo.

A las tres de la madrugada.

La familia al completo.

5 **N**o fumo, lo he dejado

A mí las Matemáticas no se me dan muy bien, la verdad. Pero mi padre dijo que si volvía a suspender Matemáticas me iba a enterar.

—Te vas a enterar.

Eso es lo que dijo.

El profesor de Matemáticas se llama Ramiro y tiene unas gafas gigantes con unos cristales muy gordos y, claro, todo el mundo le llama «cuatro ojos», aunque nunca delante de él.

—El próximo jueves, examen, ya sabéis —dijo el profesor de Matemáticas.

Ya lo sabíamos, pero él lo repetía todos los días por si acaso nos habíamos olvidado. Como si una cosa así se te fuera a olvidar.

Luego se quitó las gafas un momento y dijo:

—Ahora tenéis exactamente media hora para resolver en silencio los problemas de la página 45 del libro.

El libro de Matemáticas está lleno de problemas que nadie sabe cómo se hacen. Yo creo que están ahí puestos para que nos demos cuenta de que no tenemos ni idea.

Todavía nadie había hablado, que yo sepa, pero el profesor de Matemáticas se volvió a poner las gafas y dijo:

—He dicho en silencio. A partir de ahora no quiero oír ni el vuelo de una mosca.

Todo el mundo sacó los cuadernos y los libros y empezó a hacer cuentas y a escribir cosas. Bueno, por lo menos casi todo el mundo.

Óscar levantó la mano. Y luego dijo:

—¿Hay que hacer todos los problemas de la página 45? ¿Todos, todos?

—Todos. Y silencio. Ya —dijo el profesor.

Y no dijo nada más.

Óscar a veces pregunta algunas cosas que yo creo que no es lo que de verdad quiere preguntar. Yo creo que lo que Óscar quería preguntar en realidad es qué pasaba si no tenías ni idea de cómo se hacían los problemas. Pero claro, eso no lo dijo.

Óscar mordía el lápiz y miraba de un lado a

otro, como si la solución fuera a estar por ahí flotando en alguna parte.

Ya he dicho que a mí no se me dan muy bien las Matemáticas, pero a Óscar se le dan peor todavía. Parecía que estaba haciendo cuentas con los dedos y que se estaba haciendo un lío. Yo le estaba mirando, y también estaba mirando a Guillermo, que está sentado justo al otro lado de Óscar.

Guillermo miró a Óscar y le dijo en voz baja:

—¿Desde cuándo sabes contar, Óscar?

Óscar se dio la vuelta y también en voz baja le dijo:

—Las Matemáticas son para gente inteligente, no como tú...

El profesor de Matemáticas tiene una regla muy larga que es una regla con la que yo no le he visto medir nunca nada. Sólo la tiene ahí encima de la mesa, y cuando se pone nervioso o cuando algo no le gusta, da un golpe en la mesa con la regla y todos sabemos lo que quiere decir.

El profesor cogió la regla y no dio un golpe ni nada. Sólo dijo:

—Silencio ahí al fondo.

Yo pensé que lo mejor era quedarse callado, pero una cosa es lo que uno piensa y otra cosa muy distinta, lo que haces.

Así es que me agaché para que el profesor no pudiera verme y, mirando a Óscar y a Guillermo, dije:

—Tengo que deciros una cosa muy importante. Creo que los tres vamos a suspender el examen de Matemáticas.

—Completamente de acuerdo —dijo Guillermo.

Pero Óscar se puso muy chulo y dijo que él tenía una intuición y que estaba seguro de que iba a aprobar y que iba a sacar buena nota y que ni siquiera necesitaba estudiar ni nada.

—Tengo una intuición —dijo.

Y lo dijo tan tranquilo que parecía que era verdad y todo.

Y ya nadie dijo nada más, porque el profesor de Matemáticas se puso de pie y le dio un golpe tremendo a la mesa con la regla.

Eso significaba «silencio ahora mismo».

Y luego le dio otro golpe a la mesa.

El segundo golpe no estoy seguro de lo que significaba, pero yo creo que más o menos quería decir: «Como vuelva a hablar alguien, pongo el examen ahora mismo». Y todo el mundo lo entendió, porque nadie volvió a decir nada en toda la clase.

A la hora del recreo, yo me fui andando hasta el muro.

El muro es un lugar que hay en el patio de mi colegio, que está detrás de los servicios y que todo el mundo sabe que allí van los mayores a fumar sin que nadie los vea. Lo cual, bien pensado, es una tontería, porque todo el mundo sabe que van allí y lo más normal es que si los profesores los quisieran pillar, no tendrían más que darse una vuelta por el muro.

El caso es que los mayores van allí a fumar y que alguna vez algún profesor aparece de sorpresa y los pilla.

Pero mientras no los pilla, ellos siguen fumando.

Fui andando hasta el muro y ya no iba pensando en el examen de Matemáticas ni en nada, iba pensando en mi padre. Y pensé que, desde que yo estoy vivo, uno de los dos, o mi padre o yo, siempre ha fumado. Bueno, hasta ahora siempre ha sido mi padre.

En el muro casi siempre están los mismos. Y como todos tienen un cigarrillo en la mano, si tú no estás fumando parece que eres un bicho raro, o un idiota.

—¿Una caladita?

Había mucho humo de los cigarros, y uno de los mayores me miraba como si yo no pintara nada allí, y me dijo:

—¿Una caladita, enano?

Y me ofreció el cigarro que se estaba fumando en ese momento. Todos me miraron a ver qué hacía.

Pensé que podía darle una caladita al cigarro ése y ya está, y de paso hacerme el duro. También pensé que podría ser un buen momento para convertirme en el fumador de la familia y dar el relevo a mi padre. Pensé todo eso muy deprisa, y después dije lo que tenía que decir.

Dije:

—No gracias.

—¿Te da miedo, enano? —dijo el mayor ese, como si a mí me diera miedo darle una calada a un cigarro.

Le miré y dije:

—No fumo, lo he dejado.

Yo creo que no se lo creyó, pero de todas formas siguió fumando y no dejaba de echarme el humo en la cara. Yo hice como que no me enteraba y seguí andando.

La verdad es que nunca he fumado.

Así que no sé si me gusta o no.

Lo que sí sé es que no me gusta que me echen el humo en la cara.

No me gusta nada.

6 Lo estamos haciendo con cariño

Mi padre se había subido en una escalera, y Félix le ayudaba. Entre los dos estaban clavando corchos y cajas de huevos en las paredes.

Por lo visto, los corchos y las cajas de huevos hacen que el sonido no pueda pasar.

Mi habitación cada vez se parecía menos a mi habitación.

La abuela Auxi estaba sentada en la cama mirando a mi padre, y no decía nada. Ya he dicho que mi abuela casi nunca dice nada.

Mi padre daba unos martillazos bastante fuertes y parecía que en cualquier momento se iba a caer la pared y todo.

—Totalmente insonorizado —dijo mi padre.

Mi abuela levantó un poco la ceja derecha.

Yo estaba en la puerta sujetando más cajas de huevos. Mi padre me había dicho que las sujetara y que se las fuera dando cuando él me las pidiera.

Mi padre miró a mi abuela. Mi padre parecía que estaba un poco nervioso. Después de un rato volvió a mirar a mi abuela y dijo:

—Lo estamos haciendo con cariño, mamá.

Y Félix también dijo:

—Con mucho cariño.

—Tú calla —dijo mi padre.

La abuela Auxi se encogió de hombros. Seguía sin decir nada.

Desde que había llegado a casa, el único ruido que yo había oído de la abuela eran los ronquidos. Que yo supiera, todavía no había dicho nada.

—¿Te echaron de la residencia por roncar, abuela? —dije yo.

No tenía muchas esperanzas de que la abuela me contestara. Pero por si acaso, insistí.

—Di, abuela, ¿fue por eso por lo que te echaron?

Mi padre me dijo que me callara y que a ver si me enteraba de una vez de que a la abuela no la había echado nadie de la residencia, que se había venido a vivir con nosotros porque quería estar con su familia y porque así estábamos todos juntos, y porque le había dado la gana.

Después mi padre siguió dando martillazos y clavando cajas de huevos en la pared.

Mi padre lo estaba haciendo con cariño, pero estaba dando unos martillazos que cada vez eran más fuertes y que seguro que se oían desde muy lejos.

Luego no pasó nada más.

Cuando se acabaron las cajas de huevos, nosotros nos marchamos y la abuela se quedó allí dentro.

Félix y yo nos fuimos al colegio y mi padre se fue a trabajar.

Durante el recreo, me quedé con Guillermo en clase estudiando Matemáticas, a ver si nos enterábamos de algo antes del examen. Bueno, yo estaba intentando hacer los ejercicios mientras Guillermo se dedicaba a comer bollos de chocolate. Guillermo es el único que yo conozco que es capaz de comerse un Donut de chocolate, un cuerno de chocolate, una palmera de chocolate y después decir:

—Voy a ver si encuentro algo para comer.

Guillermo dijo que iba a ver si encontraba algo para comer y cogió la mochila de Óscar, que estaba encima de su pupitre. Dijo que creía que había visto a

Óscar con galletas de chocolate, y empezó a rebuscar dentro.

Pero lo que encontró dentro de la mochila no fueron galletas.

Ni de chocolate ni de ninguna clase.

Lo que Guillermo encontró dentro de la mochila fue una cosa muy distinta.

Encontró una hoja con un montón de números.

Y se quedó con los ojos muy abiertos y la boca muy abierta.

Primero miraba la hoja. Luego me miraba a mí. Luego volvía a mirar la hoja, como si aquellos números tuvieran la fórmula mágica más increíble de la historia.

El gordo Guillermo se quedó sin Donut de chocolate, se quedó sin galletas de chocolate, y al final también se quedó sin palabras.

Decía una cosa que era algo así como «cla..., cla..., gu..., gu..., gu».

Yo me acerqué a él.

—¿Qué pasa, Guille? ¿Qué te pasa?...

Guillermo por fin me dio la hoja para que yo también la pudiera leer.

En aquel momento, leyendo aquella hoja, me puse muy, muy nervioso, pero intenté controlarme totalmente para que no se me notara, para parecer frío y parecer que nada de aquello me importaba un pimiento.

Eso es lo que intenté.

Pero la verdad es que no hice nada de eso. Me puse a dar botes y a saltar y a gritar:

—¡Son las preguntas del examen de Matemáticas! ¡Son las preguntas! ¡Óscar tiene las preguntas del examen!

Y Guillermo decía que sí, y los dos nos abrazamos muy contentos y empezamos a saltar y todo, como si hubiéramos ganado la Liga de Campeones o algo así.

Después copiamos las preguntas del examen y no se lo dijimos a nadie, ni a Óscar ni a nadie. Él tenía las preguntas del examen de Matemáticas y no nos lo había dicho. Eso era algo que no estaba bien. Al fin y al cabo, nosotros éramos sus mejores amigos.

Claro que a lo mejor nos lo iba a decir más tarde.

O a lo mejor no nos lo iba a decir nunca.

Por si acaso, nosotros copiamos las preguntas del examen.

En 1886, a Pat Garret le dieron un soplo y le dijeron que iban a trasladar el oro del Banco Interestatal en tren. Cuando Pat se enteró, lo primero que hizo fue contárselo a su amigo Billy el Niño. En esa época Pat todavía no era *sheriff*. Seguía siendo un pistolero y un bandolero, y Billy seguía siendo su mejor amigo.

Mientras estuvieron juntos atracaron dieciocho trenes y nunca los atrapó nadie.

Ellos preferían los trenes a los bancos.

Por lo visto, Jesse James prefería los bancos.

Claro que a Jesse James lo acribillaron los federales.

Pat Garret y Billy el Niño fueron los mejores.

Y lo compartían todo.

Por la noche, en mi casa hubo una especie de redada de los federales. Sólo que en lugar de los federales, la redada la hizo mi madre, y Félix y yo tuvimos que ayudarla.

Allí estábamos los tres, mi madre, mi hermano y yo, en medio del salón, rompiendo cigarrillos y tirando los restos dentro de una bolsa de basura.

Mi padre se movía de un lado a otro sin pararse quieto ni un segundo.

Mi madre, antes de romper los cigarros, los exprimía y luego los esparcía en la basura, y lo hacía como si cada cigarrillo fuera el culpable de que mi padre hubiera fumado durante todos estos años. Mi padre la miró y dijo que ya estaba bien, que tampoco había que ponerse así, que sólo era un cartón que le quedaba por ahí, de cuando fumaba.

—Es de cuando fumaba —dijo mi padre.

—Ya —dijo mi madre, y luego me dijo a mí que levantase los cojines del sofá y que mirase bien por ahí.

Yo creo que, si se lo propone, mi madre puede ser peor que un *sheriff*. No se le escapa ni una.

Yo, que soy muy obediente, levanté todos los cojines y encontré un paquete de tabaco a medio empezar.

—A mí no me miréis. No tengo ni idea de qué hace eso ahí —dijo mi padre.

Sacamos todos los cigarrillos del paquete y también los rompimos y los tiramos a la basura.

—No tengo ni idea —repetía mi padre, aunque nadie le había preguntado nada.

A veces uno tiene ganas de explicarse aunque nadie le pida explicaciones.

Es muy extraño.

Pero a veces ocurre.

7 Nunca he tenido novia

Que yo recuerde, nunca he tenido novia.

Claro que yo tengo muy mala memoria.

Sobre todo para algunas cosas.

Para otras no. Para otras cosas me acuerdo de todo.

Pero yo creo que si hubiera tenido alguna novia me acordaría.

Pat Garret y Billy el Niño, cuando eran amigos, no tenían novia. Iban por ahí montados en sus caballos, asaltando trenes y disparando a todo el que se ponía a tiro. Como no estaban mucho tiempo en ningún sitio, pues no les quedaba tiempo para tener novia.

Por lo visto Billy tenía mucho éxito con las mujeres porque era muy guapo y todas querían ser su novia. Pero él siempre respondía lo mismo: «No tengo tiempo para estas cosas.»

Una vez estuvo con una chica que era mexica-

na y que era guapísima y todos en el pueblo querían casarse con ella. Pero llegó Billy y, sin decir nada, la cogió por la cintura y le dio un beso. Ella se llamaba Anita y tenía el pelo muy largo y muy negro, y dicen que nunca más volvió a besar a nadie después de estar con Billy el Niño.

Pat Garret y Billy el Niño nunca tuvieron novia. Por lo menos, mientras fueron amigos.

Luego las cosas cambiaron.

Yo, la única chica que conozco que no me importaría que fuera mi novia es Belén. Ella también tiene el pelo muy largo, aunque no es mexicana ni nada de eso.

Cualquier día de éstos voy a llegar al colegio y la voy a coger por la cintura y le voy a dar un beso.

—¿Quieres que te cuente un secreto?

Eso fue lo que me dijo Belén.

Estábamos a oscuras y estábamos en medio de una clase, y yo la miraba como diciendo «si nos pillan hablando nos van a echar de clase y luego va a ser peor».

La profesora de Conocimiento del Medio había apagado la luz y había puesto una proyección de

vídeo sobre el Gran Río Amarillo de China, que por lo visto es un río enorme y, cuando llueve, siempre hay inundaciones y por eso han tenido que construir una presa muy grande que es una de las presas más grandes del mundo.

Pero a Belén parecía que el río no le importaba mucho.

—Te cuento un secreto con una condición —dijo.

Y lo dijo en voz baja para que sólo la pudiera oír yo.

Me acerqué un poco a ella y dije:

—¿Que no se lo cuente a nadie?

—¿Cómo lo sabes? —dijo Belén.

—No sé —dije yo—. Es lo que siempre se dice. «Te cuento un secreto a condición de que no se lo cuentes a nadie.»

—Pues ahora no te lo cuento.

Yo no había dicho eso para molestar a Belén. Además, si le dices a alguien que le vas a contar un secreto, luego no puedes decirle que no se lo vas a contar.

—Venga, dímelo. Te prometo... —dije.

—¿...Que no se lo contarás a nadie? —dijo ella.

—A nadie.

—No sé.

—Venga.

—Está bien.

Y luego Belén miró alrededor como si hubiera espías o algo así, y cuando se aseguró de que nadie nos podía oír, dijo:

—Es Pili.

—¿Pili?

Resulta que Pili se hacía pis en la cama. Ése era el secreto.

Y nadie más lo sabía.

—Nadie más lo sabe.

—Belén, a primera fila, por hablar —dijo la profesora de Conocimiento del Medio—. Al final de la proyección, me entregas un resumen de lo que has visto.

Miré a Pili, que estaba sentada un par de filas más adelante y que estaba muy atenta al vídeo, mirando cómo había un montón de pueblos que se estaban inundando y unos pobres chinos que recogían sus cosas y tenían que abandonar sus casas.

A veces guardar un secreto es algo muy difícil, pero yo creo que es muy importante que, si dices que no se lo vas a contar a nadie, no se lo cuentes a nadie... Bueno, a casi nadie.

Óscar estaba sentado justo a mi lado.

Óscar siempre ha sido mi mejor amigo.

Y también es amigo de Pili.

Así que me dejé escurrir en la silla, y cuando le tuve muy cerca, dije:

—Óscar, ¿quieres saber un secreto?

8 ¡Ajá, te pillé!

Tener las preguntas del examen de Matemáticas no te asegura que vayas a aprobar el examen de Matemáticas. También tienes que tener las respuestas. Y eso no es tan fácil.

El gordo Guillermo y yo llevábamos dos días intentando resolver los problemas y todavía no habíamos terminado.

Mi mejor amigo Óscar tenía las preguntas del examen y no me había dicho nada. Claro que a veces las cosas no son como tú quieres que sean.

Mi hermano Félix, por ejemplo.

A mí me gustaría que fuera un hermano mayor como esos hermanos mayores de las películas que te protegen y que no dejan que nadie te haga daño y que te lleva al fútbol o a jugar a los bolos y esas cosas. Pero Félix no es así.

Félix me llama enano y dice que si no quiero que me pegue una paliza tengo que hacer lo que él

diga. Sobre todo ahora que estoy durmiendo en su habitación.

Así que cuando él se fuma un cigarro en la ventana, yo tengo que vigilar por si viene alguien.

Me quedé apoyado en la puerta, que estaba un poco abierta, para ver si venía mi padre o mi madre por el pasillo, y mientras tanto él se fumaba un cigarrillo con la ventana abierta para que después no oliese.

Yo estaba vigilando, pero de todas formas Félix me pegó un grito y me dijo:

—¿Pero qué haces, enano? ¡Vigila!

—No viene nadie —dije yo—. Además, quiero preguntarte una cosa.

Félix seguía dándole caladas a su cigarro.

Aunque no me hacía mucho caso, yo le pregunté a Félix si él sabía cómo se podían conseguir las preguntas de un examen antes del examen. Se lo pregunté intentando no darle mucha importancia.

—¿Lo sabes o no?

—¿Tengo yo cara de saber esas cosas o qué? —dijo.

No sé si mi hermano tiene cara de saber esas

cosas, pero como no sabía a quién preguntarle, y él va al mismo colegio que yo, y siempre se las está dando de listo y de que él lo sabe todo, pues por eso. Claro que no le dije todo eso, lo único que le dije es que no sabía.

—No sé.

—Y si lo supiera, ¿por qué iba a decírtelo? —dijo Félix.

Lo pensé un momento y después dije:

—No sé.

—A ver, enano, dame una razón para que te responda.

Lo pensé otra vez y dije:

—Ya está. Porque eres mi hermano.

Félix a veces se pone muy chulo, sobre todo cuando está fumando. Me miró como si fuera una especie de matón o algo así y me dijo:

—Vale, ahora dame una buena razón.

Yo hubiera preferido no llegar a esto, pero, ya puestos, no tuve más remedio que recordarle a mi hermano algunas cosas.

—Mamá todavía sigue pensando que perdió aquel billete en el supermercado —dije—. Cuando fuiste al concierto de REM.

Ésa sí que debió de ser una buena razón, porque después de darle otra calada, Félix me miró y me dijo:

—Hay unos de la ESO que a veces roban los exámenes en la sala de fotocopias porque son colegas de Jonás, el que hace las fotocopias, y luego venden esos exámenes a los pringados de quinto o de sexto, pero que yo sepa hace mucho de eso, y además tú no tienes dinero para comprar exámenes, enano... Y no te pienso decir quiénes son, porque no quiero que pillen a mi hermanito y le echen del colegio...

—Pero...

Yo iba a intentar decir algo, pero justo en ese momento se abrió la puerta de golpe y apareció mi padre, y yo no le había visto venir ni nada.

Félix intentó apagar desesperadamente el cigarrillo, aunque demasiado tarde.

Mi padre señalaba a Félix con el dedo:

—¡Ajá, te pillé! ¡Lo sabía! ¡Mira que lo sabía!

Y luego dijo:

—¡Ya hablaremos tú y yo!

Y no dijo nada más. No dejó de mover el dedo

y de señalar a Félix en ningún momento, como si estuviera muy nervioso. Yo creía que le iba a castigar, pero mi padre no dijo nada más y se marchó de allí.

Félix me miró como si fuera a asesinarme.

Son cosas que pasan.

Luego por la noche pasaron más cosas en mi casa que no tienen nada que ver con todo esto del tabaco y mi padre se puso más nervioso todavía.

Yo ya estaba acostado, pero todavía no estaba durmiendo porque al día siguiente teníamos el examen de Matemáticas y estaba pensando qué iba a pasar, y que al final a lo mejor las preguntas que habíamos cogido de la mochila de Óscar no eran las preguntas buenas. Estaba pensando un montón de cosas, y también estaba oyendo a lo lejos los ronquidos de la abuela Auxi, porque desde que pusimos las cajas de huevos se oyen un poco menos, pero continúan oyéndose.

Debía de ser muy tarde ya. Félix estaba dormido y la habitación estaba a oscuras.

Y entonces la casa se quedó completamente en silencio durante unos segundos.

No se oía nada.

Ni siquiera se oían los ronquidos de la abuela.

Yo me quedé muy quieto para ver si podía oír algo, y un poco después escuché una puerta que se abría y se cerraba.

Y como ya no podía aguantar más, me levanté y salí al pasillo.

Y allí estaba.

En medio del pasillo, caminando tranquilamente a las tres de la madrugada.

En camisón.

Descalza.

La abuela Auxi.

Y sin pensarlo dos veces, la abuela entró en la habitación de mis padres y encendió la luz, tranquilamente. Como si fueran las tres de la tarde.

Yo sólo veía la luz que salía por debajo de la puerta.

No veía lo que pasaba dentro de la habitación.

Pero entonces también pude escuchar los gritos que empezó a dar mi padre.

Eran unos gritos más o menos así:

—¡Aaahhh! ¡Aaaahhh!

Y luego siguió gritando y dijo:

—Mamá, ¡qué susto me has dado!

Desde el pasillo se podía oír todo lo que decían. Mi madre dijo:

—Pero abuela, ¿qué hace? Ya le he dicho un millón de veces que éste no es el baño.

Y mi padre:

—No le hables así a mi madre. ¿No ves que está acostumbrada a la residencia, y allí tenía el baño nada más salir a la izquierda y por eso?...

Y luego siguieron discutiendo un rato más.

—Pues da la casualidad de que ya no está en la residencia —dijo mi madre—. Abuela: ¡ya no está en la residencia! ¿¡Lo entiende!?

—Claro que lo entiende —dijo mi padre—. Mi madre habla poco, pero no está sorda.

Mientras tanto la abuela Auxi salió de la habitación, cruzó el pasillo y se metió en el cuarto de baño.

Pero yo creo que mis padres no se dieron ni cuenta de que la abuela ya no estaba en la habitación.

Mis padres, cuando se ponen a discutir, pueden tirarse un montón de tiempo discutiendo y da igual lo que pase.

Mi madre dijo:

—Mira, no la defiendas, ¿eh? No la defiendas que yo soy la primera que dijo que se viniera aquí cuando la echaron de la residencia...

—¡A mi madre no la han echado! ¡Se ha venido porque le ha dado la gana, a ver si os entra de una vez en la cabeza a todos!

9 El día del examen

Ya está. Había llegado el día del examen.

Estábamos todos en clase haciendo el examen de Matemáticas.

Todo iba saliendo bien. Las preguntas del examen eran las preguntas que habíamos cogido en la mochila de Óscar. Todo el mundo estaba haciendo cuentas y sumando y restando y multiplicando, empezando por el propio Óscar. Mirándole, nadie podría pensar que tenía el examen desde hacía un montón de tiempo.

Claro que, mirándonos al gordo Guillermo y a mí, tampoco lo diría nadie.

La puerta de la clase se abrió de pronto.

Era el director.

Es muy raro que el director del colegio venga a clase. Que yo sepa, hacía mucho que no había venido a nuestra clase.

Nada más entrar, el director dijo:

—A ver, todos de pie.

El profesor de Matemáticas cogió su regla y se puso de pie muy firme, como si hubiera entrado un general o alguien así.

—¿Ocurre algo, señor director? —dijo el profesor de Matemáticas.

—¿Que qué ocurre? ¡Que qué ocurre, dice! —el director parecía que estaba bastante enfadado—. Quiero que todo el mundo se ponga aquí, en fila, delante del encerado... Vamos, rapidito, y sin decir ni una palabra, que no tengo ganas de bromas.

Aunque estábamos haciendo el examen, todos nos levantamos y nos pusimos en fila delante de la pizarra, mirando hacia los pupitres, todos muy juntos como si estuviéramos en los reconocimientos médicos que siempre nos hacen en septiembre, sólo que el director no llevaba una bata blanca y no nos dijo que abriéramos la boca y sacáramos la lengua.

Después el director hizo un gesto hacia la puerta, y entró en clase un chico que es uno que yo creo que está en primero o en segundo de la ESO y que ahora no recuerdo cómo se llama.

Todos estábamos muy callados y un poco asustados.

El chico se paseaba delante de nosotros, mirando a la cara a todos los alumnos de la clase. Cuando el chico daba un paso, el director daba otro paso. Parecía como si fuera su sombra.

Al llegar justo delante de Óscar, el chico se quedó parado, mirándole fijamente a los ojos.

Entonces el chico dio un paso atrás y señaló a Óscar. Así, sin decir nada.

—¿Seguro? —dijo el director.

El chico, que seguía sin decir nada, movió la cabeza hacia abajo. A lo mejor le daba un poco de vergüenza lo que estaba haciendo. O a lo mejor es que no quería que Óscar le viera los ojos.

—Muy bien —dijo el director.

Y luego le dijo a Óscar que no se esperaba esto de él. Y muy tranquilamente le preguntó delante de todos si le había comprado las preguntas del examen de Matemáticas a ese chico.

Todo el mundo empezó a murmurar, y el profesor de Matemáticas tuvo que dar un golpe con la regla en la mesa.

—¡Silencio!

El director se acercó a Óscar y le repitió la pregunta:

—Repito la pregunta: ¿le has comprado las preguntas del examen de Matemáticas de hoy a este chico, Óscar?

Óscar dijo:

—Sí.

Y lo dijo muy bajito.

—No te oigo —dijo el director.

—Que digo que sí.

—De acuerdo —dijo el director— ¿Y le has dado esas preguntas a alguien más?

—No.

—¿Estás seguro?

—Sí.

—¿Sí estás seguro o sí se las has dado a alguien más?

—Sí estoy seguro.

—Bien. Eso es todo —dijo el director—. Perdón por la interrupción. Podéis continuar con el examen.

El director cogió de un brazo a Óscar y con la

otra mano cogió al chico mayor y se los llevó a los dos de allí.

Nosotros nos sentamos y continuamos haciendo el examen.

El profesor de Matemáticas dijo que no quería oír ni una mosca y que al primero que se moviera lo suspendía de inmediato. Y por si acaso no le habíamos entendido, dio un golpe con la regla sobre la mesa.

Yo, antes de seguir haciendo el examen, miré a Guillermo. Y él me miró a mí.

No podíamos decir nada, así que no dijimos nada.

Luego terminamos el examen y yo creo que me salió bastante bien.

Me fui a casa nada más salir de clase, porque después de lo que había pasado no tenía ganas de hablar con nadie.

Por la noche, mi madre me preguntó qué tal me había salido y yo le dije que bastante bien. Y no dije nada más del examen.

Estábamos todos en el salón.

Mi madre estaba leyendo una revista. Mi padre

miraba la televisión. Y mi abuela escuchaba la radio con unos auriculares que tenía que eran unos auriculares bastante chulos.

Al mismo tiempo que miraba la televisión, mi padre mordía una pipa de plástico, de ésas que saben a menta y que por lo visto se las dan a los que están dejando de fumar para que se crean que aún siguen fumando.

Félix estaba al lado de mi padre y le miraba y no dejaba de mover las piernas como si estuviera muy nervioso.

Yo creo que cuando uno dice una mentira es muy posible que luego tenga que decir otra.

Mi hermano Félix se levantó y dijo:

—Me voy a leer a mi cuarto.

—¿A leer? —dijo mi madre—. ¿Y por qué no lees aquí, hijo?

Félix, que ya se había levantado, se rascó la cabeza y después dijo:

—Es que... también quiero oír un poco de música.

Cuando empiezas a mentir ya no puedes parar.

Mi madre, que no dejaba de mirar a Félix, dijo:

—¿No irás a fumar a escondidas, no? Ya tengo bastante con tu padre.

—Mamá, por favor...

Cuando uno empieza a decir mentiras, nunca sabe cuántas mentiras va a tener que decir.

—¿Qué te crees, que no sé que tus amigos fuman? —dijo mi madre.

—Yo nunca he fumado, mamá. Eso te lo puedo prometer y te lo prometo.

Mi padre, al oír eso, hizo un ruido con la garganta que era un ruido como «hummm» o algo así.

Mi hermano, si hubiera seguido en el salón, podría haberse pasado toda la noche diciendo mentiras. Pero por suerte, se marchó y se metió en su cuarto.

—¿Y tú no dices nada? —le dijo mi madre a mi padre.

—He dicho «hummm».

—Estás de cachondeo, por lo que veo...

Mi madre abrió otra vez su revista y se puso a leer o a mirar las fotografías o lo que sea.

Mi padre tampoco dijo nada más.

Y Félix se quedó en su cuarto él solo tranquilamente.

Esto de fumar yo creo que es como las mentiras. Una vez que empiezas no puedes parar.

10 No me gustaría estar en la cárcel

En las películas, cuando llevan a alguien a la cárcel, lo primero que hacen es quitarle todas sus cosas, incluso cosas como un reloj o como unos zapatos. No sé muy bien por qué se las quitan.

A lo mejor, por eso, cuando el padre de Óscar castigó a Óscar por haber comprado el examen de Matemáticas, lo primero que hizo fue encerrarle en su cuarto y quitarle todas sus cosas, como la *playstation*, los prismáticos, los cómics, y todos los juegos que tenía en su habitación.

Una vez Billy el Niño estuvo en la cárcel.

Sólo una vez.

Y en el pueblo construyeron una horca muy grande en la plaza para ahorcarle delante de todo el mundo y demostrar a la gente civilizada que uno no puede hacer las cosas por su cuenta y saltarse la ley así como así.

Billy estaba en su celda y había siempre un

hombre armado hasta los dientes vigilándole porque sabían que era muy listo y que, si le dejaban solo, aunque estuviera en una celda rodeado de barrotes, tarde o temprano se escaparía.

Uno de los que le vigilaban era el sucio Jim Parson, que era uno de los tíos más sucios del Oeste, y que se decía que nunca se lavaba. Jim no era *sheriff* ni nada, pero se había ofrecido voluntario para vigilar a Billy el Niño. Igual que muchos otros, que también se habían ofrecido voluntarios, supongo que para poder contárselo después a sus nietos.

El caso es que Billy empezó a decirle a Jim que olía muy mal, y que era un olor apestoso, y que no lo podía soportar, y que prefería que le pegara un tiro antes que tener que aguantar aquel olor tan asqueroso. Jim se enfadó un montón, claro, y entonces hizo una cosa que no tenía que haber hecho. Abrió la celda para darle una paliza a Billy el Niño y conseguir que se callase de una vez.

Pero Jim no se daba cuenta de que Billy era muy, muy rápido y, antes de darle el primer golpe con la culata de la escopeta, Billy ya le había quitado el revólver de la pistolera y le estaba apuntando a la cabeza.

Billy se escapó gracias al apestoso Jim el Sucio. Por supuesto, antes de irse le pegó un tiro. Billy era así, no podía aguantarse. Si tenía una pistola, tenía que dispararla.

Óscar no estaba exactamente en una cárcel, pero casi.

Fuimos a verle a su casa, y nos abrió la puerta con la cadena echada y todo, y dijo que no podía salir y que tampoco podía invitarnos a entrar, que estaba muy castigado.

Habíamos ido todos, el gordo Guillermo, Belén, Pili y yo, y le mirábamos a través de la rendija de la puerta y no sabíamos qué decir.

Por fin Belén dijo algo. Esto fue lo que dijo:

—Óscar.

Y lo dijo muy desanimada, como si estuviera muy triste.

Y después Pili también dijo:

—Óscar.

Y el gordo Guillermo dijo:

—Óscar.

A mí todo esto me parecía una tontería, y tampoco era para tanto. Después de todo Óscar estaba en su casa y seguro que al cabo de unos días todo se olvidaría y ya está.

—Dice el director del colegio que seguramente me van a echar del colegio y no voy a poder volver. Y dice mi padre que voy a estar castigado para siempre y que nunca más voy a salir a jugar ni a nada.

Yo me quedé de piedra cuando oí eso, y dije lo único que podía decir:

—Óscar.

Y Guillermo volvió a repetir lo mismo:

—Óscar.

Imagino que Óscar ya estaba hasta las narices de que dijéramos su nombre, así que dijo:

—¡Ya está bien!

Después Belén le dijo que todo esto era muy injusto, y que no podían echarle del colegio, y que su padre no podía castigarle para siempre, que era un niño y tenía derecho a jugar y a pasárselo bien.

—Pues mi padre me ha dicho que hasta que no cumpla los dieciséis voy a estar castigado —dijo Óscar.

—¿Y tu infancia? —dijo Belén.

—Eso le dije yo a mi padre —dijo Óscar—. «¿Y mi infancia?»

—¿Y qué dijo?

—¿Que lo hubieras pensado antes?

—¿Que le daba mucha pena pero que tenía que hacerlo?

—¿Que así aprenderías la lección?

—No exactamente —dijo Óscar—. Mi padre me dijo: «Te puedes meter tu infancia por donde te quepa». Es que cuando se enfada, mi padre es muy suyo.

Y justo entonces oímos un grito que venía del interior de la casa, y que debía de ser el padre de Óscar, pero que parecía uno de esos carceleros que siempre están gritando:

—¡Se acabó el tiempo! ¡La visita ha terminado!

Sin decir nada más, Óscar cerró la puerta y sonaron varios cerrojos y ya no volvimos a verle.

Guillermo se quedó mirando la puerta y dijo:

—Óscar.

—Vamos, Guille —dije yo, tratando de animarle—. Ya no puede oírte.

El gordo Guillermo se repuso bastante rápidamente, la verdad. Y dijo:

—Pobre Óscar... Oye, ¿y si bajamos a comprar

unos Bucaneros de chocolate? Es que, cuando me deprimo, me entran unas ganas de comer chocolate que no puedo aguantarme.

Y salió disparado escaleras abajo.

Después de aquella visita estuve pensando en muchas cosas.

Pensé que si Óscar nos hubiera dicho que tenía el examen, a lo mejor ahora Guillermo y yo también estaríamos en la misma situación que él.

A lo mejor nos habrían echado del colegio. Y nuestros padres nos habrían castigado. Y no podríamos salir a jugar ni nada. Claro que si Óscar no nos lo había contado no había sido para protegernos. Había sido porque no le había dado la gana.

Yo estaba pensando en todo eso y ya estaba metido en la cama. Era por la noche y todo el mundo en mi casa estaba durmiendo. Y entonces oí un ruido.

Me incorporé un poco y vi una especie de sombra que había entrado en nuestra habitación. La sombra se movía muy despacio y parecía que estaba buscando algo. Lo primero que pensé es que era la abuela Auxi. La abuela Auxi siempre aparecía cuando menos te lo esperabas, sobre todo si era de noche y estabas durmiendo y podía despertarte y fastidiar a todos.

Pero no era la abuela.

La sombra se movió un poco y pude ver claramente quién era.

Era mi padre, cogiéndole una cajetilla de tabaco a Félix de su mochila. Sacó un cigarro y volvió a dejar la cajetilla en el mismo sitio.

Yo le miraba y no decía nada.

Pero justo cuando estaba a punto de salir, una voz dijo:

—Papá..., eh, papá.

Era Félix llamando a mi padre en voz baja.

—¿Se puede saber qué haces, papá?

Mi padre, que ya tenía el cigarro en la boca, le dijo:

—¿Tienes fuego?

—No.

—Esto entre tú y yo, ¿de acuerdo, hijo?

—¿Qué?

—Si tú mantienes la boca cerrada, yo no le digo a tu madre que tienes tabaco y que el otro día te vi fumando —dijo mi padre.

—Pero eso es chantaje...

Mi padre no le dio tiempo a Félix a responder. Le hizo un gesto con la mano y se marchó de la habitación.

Yo lo había visto todo.

Cuando Félix se dio la vuelta en su cama para seguir durmiendo, me levanté sin hacer ruido.

Tenía mucha curiosidad por ver a mi padre fumando otra vez. Dice el profesor de Historia que la curiosidad es muy buena, y que los grandes hombres de la humanidad siempre han sido muy curiosos. Así es que me levanté y fui de puntillas hasta la cocina.

Mi padre se estaba encendiendo el cigarro con una cerilla de la caja de cerillas que tiene mi madre encima de la nevera. Y con el cigarrillo encendido, salió a fumar a la terraza.

A ver si me explico.

Mi padre estaba fumando en la terraza. Era pleno invierno y mi padre estaba en pijama y tiritaba todo el tiempo y yo creo que iba a coger una neumonía o una pulmonía o algo así.

Pero en aquel momento mi padre parecía el hombre más feliz de la tierra.

Daba una calada. Y después otra. Y yo creo que incluso se olvidó del frío que hacía y todo.

Cuando terminó el cigarrillo, volvió a entrar en casa. Y pasó muy cerca de mí. Yo estaba escondido al lado de la fregona y la escoba en una esquina de la cocina, pero no se dio cuenta. Iba sonriendo, y seguramente iba pensando en el cigarro que se acababa de fumar.

Mi padre se metió en su habitación, y yo iba a hacer lo mismo. Meterme en mi habitación. Pero entonces un grito me dejó como paralizado.

—¡Aaaaaahhh!

Era mi padre.

Se le podía oír en toda la casa. Dijo:

—¡¡Pero, mamá, por Dios, qué haces aquí!!

Y mi madre dijo:

—Antonio, Antonio, ¿qué pasa?

Pero mi padre seguía gritando:

—¡¡Mamá, ésta es mi cama! ¡Haz el favor de salir ahora mismo!!

A los pocos segundos se abrió la puerta del dormitorio, y la abuela Auxi salió tranquilamente.

Al verme en mitad del pasillo, levantó una ceja y luego se metió en su habitación.

Mi padre seguía gritando y yo le oí que decía:

—Esto es el colmo, ¡el colmo! Me levanto un momento y se mete en mi cama, esto ya es demasiado...

—¿Y tú qué hacías levantado a las cuatro de la madrugada? —dijo mi madre.

—¿Que qué hacía, que qué hacía yo...?

—Sí, ¿qué hacías?

—Cariño, de verdad, tienes unas preguntas... ¿Pues qué quieres que haga?...

11 Hay cosas mucho peores

Esto es lo que pasó con la abuela Auxi.

Mi padre y yo llevamos su maletón gigante y todas sus cosas por el pasillo, y la abuela Auxi vino detrás de nosotros, sin decir nada, arrastrando su santo hinchable por el suelo.

Yo al principio pensé que mi padre la iba a echar de casa, pero un hijo no puede hacer eso con su madre. La abuela era un poco pesada, y por las noches no nos dejaba dormir, pero tampoco era como para echarla de casa.

Mi padre abrió el cuarto de la plancha, que es un cuarto que está lleno de trastos, y que no tiene ventanas ni nada, y dijo:

—Aquí.

—¿Aquí? —dije yo.

Mi padre metió el maletón de la abuela dentro, y también metió un colchón, que puso en el suelo. Luego le dijo a la abuela que entrara.

Dijo:

—Aquí.

Y la abuela, que nunca protestaba ni decía nada, entró en el cuarto de la plancha con su santo hinchable y se quedó dentro.

Parecía que a mi padre le daba un poco de pena, porque dijo:

—Mira, mamá, ya sabes que esto lo hacemos por los chicos. No puedes estar todas las noches entrando aquí y allá y despertando a toda la familia.

Por supuesto, la abuela no dijo nada.

Sólo se encogió de hombros y levantó una ceja.

Mi padre dijo que este cuarto era un cuarto perfecto para ella, y que así iba a estar más tranquila.

—Aquí vas a estar mucho más tranquila, mamá —dijo—. Si es lo mejor… Además, es sólo para dormir. Por el día puedes seguir utilizando el cuarto de Claudio. Ya verás qué bien.

La abuela se sentó en el colchón.

Como no había sitio para una silla ni para nada más, era el único sitio donde podía sentarse.

Mi padre, que no dejaba de sonreír todo el rato, cerró la puerta.

Después sacó un cerrojo enorme que tenía preparado en la mesa de la cocina y, sin esperar ni un segundo, empezó a clavarlo a toda prisa en la puerta del cuarto de la plancha por fuera.

—¿Vas a encerrar a la abuela? —dije.

—Es por su bien, Claudio, por su propio bien. ¡Y no me fastidies, que bastante me duele a mí tener que hacer esto! Además, aquí va a estar muy bien. ¡Mamá, si tienes que ir al servicio, da dos golpes y te abrimos! Mira, Claudio, no me mires así. Hay cosas mucho peores.

Ya sé que hay cosas mucho peores.

Peores incluso que encerrar a tu abuela en el cuarto de la plancha.

Por lo menos, peores cuando te ocurren a ti.

Cosas como por ejemplo hacerse pis en la cama.

Cuando llegué al colegio, vi a Pili andando por el pasillo.

Todo el mundo la miraba y murmuraba. Algunos decían cosas en voz baja y otros incluso se reían.

A estas alturas, todo el mundo en el colegio sabía lo de Pili.

Todo el mundo sabía que se hacía pis en la cama.

Y ella sabía que todo el mundo lo sabía.

Pero no podía hacer nada. Seguía andando por el pasillo, intentando parecer que iba muy tranquila, aunque yo creo que estaba roja como un tomate.

Si a mí me pasara eso, yo seguramente no sería tan valiente como Pili. Yo me pondría a llorar como un niño pequeño y no me atrevería a volver al colegio nunca más.

Todo el mundo dice que hacerse pis no es tan malo como otras cosas. Por ejemplo, hacerse pis no es tan malo como..., como..., como muchas otras cosas que ahora no se me ocurren pero que estoy seguro que son mucho peores.

Cuando les pasan a los demás, las cosas parece que no son tan malas como cuando te pasan a ti.

Creo que entre todos deberíamos ayudar a Pili. Pero para eso primero se nos tendría que ocurrir alguna manera de ayudarla. La verdad es que eso de ayudar a los demás no es tan fácil como parece, porque luego a veces las cosas se tuercen y todo es un lío.

Si yo fuera Billy el Niño, seguro que todo sería mucho más fácil.

Sacaría mi revólver y diría:

—Arriba las manos todo el mundo.

Y al primero que se riera de mi amiga Pili, ¡pam! Seguro que ya no se iban a reír tanto.

Pero el caso es que yo no soy Billy el Niño.

Solamente soy Claudio el niño.

«Pues manda al niño, que no está haciendo nada.»

Mi hermano Félix, cuando no quiere hacer algo, siempre dice que yo no estoy haciendo nada.

—Yo ahora estoy muy ocupado, manda al niño.

Así que al final mi madre terminó mandándome a mí a la carnicería.

—Mira, Claudio, le dices que te lo haga en trozos muy finitos.

—¿Y por qué no mandas a Félix?

—Félix ahora no puede. Y además, no protestes tanto y vete ya.

Ése soy yo: Claudio el Niño. El que hace los recados. El que va a la panadería, y a la frutería, y a la carnicería, y a todas partes. Y deprisita.

Por el camino me encontré a Belén, a Guillermo y a Pili, que estaban jugando en la plaza, y me acompañaron a la carnicería.

En la carnicería había un hombre muy gordo y muy grande que cortaba trozos de carne con un cuchillo gigantesco y que más que un cuchillo parecía un hacha.

Daba unos golpes tremendos, y la carne se iba cortando en unos trozos que no eran unos trozos muy finitos ni nada.

Nosotros estábamos al otro lado del mostrador mirando al hombre grande, que llevaba un delantal blanco muy sucio de sangre y de carne, y que subía y bajaba el cuchillo como si estuviera muy enfadado con el trozo de carne que estaba cortando.

Pili dijo:

—Tenemos que ayudar a Óscar.

Es muy curioso, porque yo estaba pensando que teníamos que ayudarla a ella, y resulta que ella estaba pensando que teníamos que ayudar a Óscar.

—Eso. Tenemos que pensar algo y ayudarle —dijo Belén.

Yo dije:

—Mi madre me ha dicho que por favor me haga trozos muy finitos.

Yo creo que el carnicero no me escuchó ni nada, porque siguió a lo suyo, dando esos tremendos golpes con su hacha.

—Estoy segura de que no era el único que tenía las preguntas del examen de Matemáticas —dijo Belén.

—¿Y por qué dices eso? —dije yo.

—Si se las habían vendido a él, seguro que se las habían vendido a alguien más —dijo Belén—. Tenemos que averiguarlo.

Guillermo se estaba poniendo muy nervioso con todo esto del examen. Yo creo que quería cambiar de tema, así que dijo:

—Es mejor dejar las cosas como están.

—¿Cómo puedes hablar así?

—No, no —dije yo—. Lo que Guille quiere decir es que, si había más gente con las preguntas, lo único que vamos a conseguir es que echen del colegio a todos los que tuvieran las preguntas.

—Exacto —dijo Guillermo—. Eso es lo que quería decir. Así no vamos a ayudar a Óscar ni nada.

Sin embargo, parecía que Pili se había tomado el asunto como algo personal.

—No sabemos lo que pasaría. A lo mejor si hay más gente que tenía las preguntas, no echan a Óscar —dijo Pili.

—Si hay otros que tenían las preguntas y no dan la cara, son unos cobardes —dijo Belén.

—Y unos cerdos —dijo Pili.

Y el gordo Guillermo y yo no dijimos nada más, por si acaso.

—Son once con ocho —dijo el carnicero.

12 No te estoy pidiendo que te conviertas en un chivato

A veces uno tiene que hacer cosas muy raras.

Cosas como arrastrar a mi amigo el gordo Guillermo por todo el colegio. O para ser más exactos, arrastrar una lona de plástico. Y encima de la lona de plástico estaba montado Guillermo.

Si quería conseguir que el gordo Guillermo me acompañara al despacho del director, tenía que elegir.

O comerme cincuenta huevos duros, como el actor de la película que habían puesto la noche anterior en *Cine Cinco Estrellas*, que se comía cincuenta huevos uno detrás de otro. O llevar a rastras a Guillermo subido en su colchoneta de plástico por todo el pasillo del colegio.

Ésas eran las dos posibilidades que me dio.

Así que elegí la segunda.

Y lo pasé bastante mal para conseguirlo.

El gordo Guillermo pesa un montón.

Y yo no soy muy alto ni muy fuerte.

Estuve más de media hora arrastrando la lona y por fin llegamos hasta la meta: el despacho del director.

Yo estaba totalmente asfixiado, a punto de reventar.

—Bueno, ya estamos —dije, mientras resoplaba.

—No sé —dijo Guillermo.

—¿Cómo que no sabes?

—Pues eso, que no sé si entrar.

Yo le miré intentando no enfadarme demasiado y dije:

—Óscar nos necesita.

—Óscar no compartió las preguntas con nosotros —dijo él.

—Pero nosotros se las robamos de su mochila, y no hemos dicho nada.

Guillermo se quedó pensando un momento. Se rascó la cabeza y luego dijo:

—Es que si apruebo Matemáticas mi madre me compra un casco.

—¿Un casco?

—Para cuando tenga moto.

—No es justo que sólo castiguen a Óscar.

—Si Óscar no compartió las preguntas con nosotros, ¿por qué tenemos nosotros que compartir el castigo con él?

—No vamos a compartir el castigo. Vamos a decir la verdad.

—No.

Yo miré a Guillermo y luego miré la puerta que teníamos delante. En el letrero se podía leer: «DIRECCIÓN».

Me puse muy serio y dije:

—Ahora vamos a entrar.

Guillermo cogió su lona y también se puso muy serio.

—Yo no entro.

Le cogí de un brazo y empecé a tirar de él.

—Has prometido que lo harías. Has prometido que si yo te llevaba subido en la colchoneta ibas a entrar. Vamos.

Guillermo no dejaba de protestar.

—Lo prometí porque pensaba que no lo ibas a hacer —dijo—. Ahora he cambiado de opinión y ya no lo prometo.

—Ahora ya es demasiado tarde. Adentro.

—No quiero...

Tuve que arrastrarle dentro, pero al final entramos.

Entramos en el despacho de Dirección, pero no en el despacho del director. Quiero decir que la puerta que cruzamos resulta que daba a una especie de descansillo donde había otras tres puertas.

En una ponía «Secretariado». En otra, «Jefe de Estudios». Y en la otra, que estaba un poco abierta y que era la única en la que parecía que había alguien porque salía luz de dentro, ponía «Director».

De dentro de esa puerta salió una voz que era una voz inconfundible, y que decía:

—Se lo prometo, señor director.

Y que luego decía:

—Le voy a decir la verdad.

Era la voz de Óscar.

Estaba dentro del despacho, hablando con el director. Y nosotros estábamos justo a medio metro. Bastaba con que abrieran cualquiera de las tres puertas que teníamos delante, o incluso la que teníamos detrás, para que nos descubrieran allí en medio.

Espiando. O sea, no es que hubiéramos ido al despacho a espiar a nadie. Pero al final estábamos escuchando todo.

—Esto es muy grave, Óscar —dijo el director.

—Ya lo sé —dijo Óscar—. Pero es la verdad: hay más gente de mi clase que sabía las preguntas del examen.

El gordo Guillermo, que se había quedado totalmente paralizado, me miraba muy fijamente, como si los ojos estuvieran a punto de salirse de su cara.

Dentro, el director y Óscar continuaban con su charla.

—Esta actitud te honra, Óscar —dijo el director—. Vamos directos al grano: ¿quién más tenía las preguntas?

Hubo un silencio que yo creo que sólo duró un segundo o dos, pero que a mí me pareció que duraba un millón de horas. Hasta que al final Óscar dijo:

—No puedo decirlo. Yo no soy un chivato.

—Mira, Óscar, estás muy equivocado —dijo el director—. No te estoy pidiendo que seas un chivato. Lo único que te estoy pidiendo es que seas honesto y valiente.

Luego hubo otro silencio. Supongo que el director estaba mirando muy serio a Óscar, y Óscar estaba intentando pensar qué tenía que hacer. Me preguntaba si en realidad Óscar sabía que Guillermo y yo teníamos las preguntas del examen. A lo mejor se había dado cuenta y ahora lo iba a decir. O a lo mejor no sabía nada y sólo iba de farol.

El director dijo:

—De acuerdo. Si me dices quién más estaba implicado, tu expulsión será sólo temporal, una semana. ¿Has oído? Una sola semana.

—¿Una semana solamente? —dijo Óscar, que parecía que de repente estaba muy contento—. ¿Y los demás?

—Los demás ya veremos —dijo el director—. Esto no es una negociación. Dime de una vez quiénes son. ¡Ahora!

Y ya no pude oír nada más.

Cuando el director dijo «ahora», el gordo Guillermo se asustó y soltó de golpe la lona que tenía agarrada con las dos manos, y tuvimos que salir corriendo antes de que el director abriera su puerta y nos pillara allí escuchando todo.

Óscar había dicho que él no era un chivato.

Así es que podíamos estar tranquilos. Porque aunque supiera que nosotros teníamos las preguntas, no se iba a chivar.

Dos días antes de traicionar a Billy el Niño, Pat Garret había dicho en público: «Yo no soy un maldito chivato». Y lo había dicho en voz alta para que todos pudieran escucharle.

Exactamente cuarenta y ocho horas después traicionó a Billy.

13 Verdadero o falso

—**Alguien** ha fumado en el cuarto de baño.

Mi madre tenía los brazos en la cintura y estaba delante de mi padre, que fumaba una de esas pipas de plástico que últimamente siempre tenía en la boca.

Mi madre parecía que estaba muy enfadada, y repitió:

—He dicho que alguien ha fumado en el cuarto de baño.

Félix y yo estábamos merendando, y cuando llegó mi madre nos quedamos muy callados.

—Mujer, cómo te pones —dijo mi padre.

Pero mi madre no le respondió.

Seguía con los brazos en la cintura, mirando a mi padre. Después resopló por la nariz, y daba la sensación de que en cualquier momento iba a coger a mi padre y lo iba a tirar por la ventana.

Mi padre torció la cabeza y nos miró a noso-

tros, pidiendo ayuda con la mirada. Pero ni mi hermano Félix ni yo podíamos hacer nada.

—Además —dijo mi padre—, ¿a mí qué me cuentas? ¡Yo no he sido!

—¿Ah, no? —dijo mi madre—. ¿Entonces quién? ¿El gato?

Mi padre intentaba ganar tiempo diciendo cualquier tontería. Dijo:

—Pero qué gato...

Sin embargo, mi madre no estaba para bromas.

Sin mover ni un solo músculo de la cara, dijo:

—Estoy esperando.

Se veía que mi padre estaba pasándolo muy mal, y que ya no soportaba más esta situación.

—Está bien —dijo mi padre—. Yo sé quién ha sido, pero no te lo voy a decir. No soy ningún chivato.

Óscar había dicho que no era ningún chivato.

Y ahora por lo visto, mi padre tampoco era un chivato.

Claro que una cosa es decir que no eres un chivato y otra cosa muy distinta es no ser un chivato.

Mi madre, al oír eso, se cruzó de brazos y dijo:

—Ya.

Y lo dijo como si fuera uno de esos pistoleros del Oeste que saben que van a dispararte si no confiesas cuanto antes.

Así que mi padre no aguantó la mirada de mi madre y al final confesó.

Se quitó la pipa de plástico de la boca y dijo:

—¡Muy bien, muy bien! Ha sido...

Félix dejó el bocadillo sobre la mesa y se quedó mirando a mi padre, con la boca muy abierta. Mi padre cruzó una mirada rápida con él. Y después dijo:

—¡Ha sido... CLAUDIO! ¡Ha sido él, él, ÉL!

Mi hermano respiró aliviado.

Y de pronto todos empezaron a mirarme a mí.

No me lo podía creer.

Mi padre no era un chivato. Era mucho peor. Era un mentiroso.

Y lo había dicho delante de todos.

—Ha sido Claudio —repitió.

Yo intenté negarlo, claro.

Pero por lo visto, cuando tienes diez años, lo que tú digas no tiene mucha importancia.

Y además, cuanto más decía yo que no había fumado, más se enfadaba mi madre.

Hasta que al final dijo:

—Tú necesitas ayuda, Claudio.

Y también dijo:

—Ayuda profesional.

Exactamente cuarenta y ocho horas después, recibí ayuda profesional.

Entré en un despacho que era un despacho bastante grande y me senté en una silla delante de la mesa. Me fijé en una persiana verde que cuando entraba un poco de viento por la ventana se movía y hacía un ruido que parecía el ruido de una hoja de papel, aunque la persiana seguro que no era de papel, sino de plástico o de cualquier otra cosa.

Yo me senté en una silla pequeña de color marrón.

Y al otro lado de la mesa estaba sentado el psicólogo del colegio, con barba y con gafas, y estaba sentado en una silla muy grande de color negro que tenía ruedas y todo.

El psicólogo del colegio también es el profesor de Lengua. La verdad es que eso es un poco raro, pero hay gente que hace muchas cosas a la vez, como los árbitros de fútbol, que además de ser árbitros luego también son abogados o fontaneros o cosas así. Bueno, la verdad es que el psicólogo del colegio, además de ser el profesor de Lengua y de ser el psicólogo, también es árbitro los sábados, en los partidos que jugamos contra otros colegios, pero eso no tiene nada que ver ahora.

El psicólogo tenía unas fichas de cartón en la mano, y sin mirarme ni nada, me preguntó:

—¿Por qué fumas, Claudio?

—Yo no fumo —dije.

El psicólogo movía la cabeza, como si mi respuesta fuera la respuesta equivocada. A veces decir la verdad es más complicado que andar mintiendo.

—A mí no tienes que engañarme, soy tu psicólogo —dijo—. Y lo que hablemos queda entre nosotros.

—Vale —dije yo.

Y lo dije intentando parecer que estaba entusiasmado y que iba a colaborar mucho y todo eso.

Después el psicólogo miró las fichas de cartón que tenía en la mano.

—Vamos a ver, Claudio —dijo—, voy a leerte una serie de frases y tú vas a decirme sin son verdaderas o falsas.

El psicólogo sacó una ficha, no la que estaba la primera, sino otra que tenía metida en el medio, y la leyó en voz alta:

—«Mis padres no me escuchan cuando yo les hablo.»

Yo me encogí de hombros y no dije nada.

El psicólogo leyó otra frase:

—«Cuando mis padres me escuchan, yo no les hablo.»

Yo me encogí de hombros otra vez.

Y él siguió leyendo, y parecía que estaba más preocupado por leerme las frases que por las respuestas que yo podría dar. Aunque de momento, no había dado ninguna respuesta.

—«Mis padres sólo se preocupan de mí cuando hago algo malo» —dijo.

—Eso a veces es verdad —dije yo.

—Muy bien, ya te vas animando —dijo el psicólogo—. A ver ésta: «Sólo me preocupo de mis padres cuando hago algo malo.»

—No la entiendo —dije.

—No la entiendes, ¿eh?

El psicólogo sacó una cajetilla de tabaco del bolsillo de su camisa, y me ofreció un cigarro.

—¿Quieres? —dijo.

—Ya le he dicho que yo no fumo.

—Muy bien, muy bien.

No sé cómo será este psicólogo cuando hace de árbitro, pero cuando hace de psicólogo a mí me parecía un poco aburrido.

Después siguió haciéndome preguntas, y hasta se encendió un cigarro y todo. No sé si lo hizo porque era parte del tratamiento o porque tenía ganas de fumar.

El caso es que me dijo que ya nos veríamos.

—Ya nos veremos —dijo.

Y luego me levanté y me fui.

Al salir del despacho del psicólogo, resulta que fuera había más niños que estaban esperando para entrar.

Había dos niños sentados y una niña de pie, que era justo la que iba a entrar ahora mismo, detrás de mí.

La niña era Pili.

Mi amiga Pili.

La que se hacía pis en la cama y todo el colegio ya se había enterado.

Cuando me vio allí, se quedó muy quieta y se puso muy nerviosa.

—Hola —me dijo—. ¿Y tú qué haces aquí?

—Estoy aquí por fumar —dije—. ¿Y tú?

—¿Yo?

Y se quedó pensando un momento y después dijo:

—Yo estoy aquí por..., por beber whisky.

14 La decisión

Mi padre, con su pipa de plástico en la boca, y mi madre, y mi hermano Félix, y la abuela Auxi, estaban todos sentados en el sofá viendo la televisión.

Estaban viendo uno de esos programas concurso donde se reparten un montón de millones y, muchas veces, personas que no tienen ni idea de nada se llevan mucho dinero porque tienen suerte o porque las preguntas son totalmente facilísimas.

El presentador del concurso era un hombre que tenía un bigote muy pequeño y que dijo: «Y ahora, por 60.000 euros, ¿quién fue el principal responsable de la denominada Caza de Brujas en Estados Unidos durante la década de los años cincuenta?» Y lo dijo así, todo seguido sin leer ni nada. Aunque dice Félix que eso es porque se lo soplan y nosotros no podemos oírlo. Yo no lo sé, pero el presentador ponía cara de que lo había dicho él solito, sin que se lo hubieran soplado ni nada.

Entonces mi padre dijo:

—¡Mc Arthur! ¡El general Mc Arthur!

Y ya no dijo nada más, porque la televisión se apagó y todos se quedaron mirando la pantalla en negro con la boca muy abierta.

No es que se hubiera ido la luz, ni que la televisión se hubiera estropeado ni nada de eso.

Había sido yo, que había apagado la tele con el mando a distancia.

Cuando se dieron cuenta, todos me miraron a mí, intentando comprender qué había ocurrido. Intentando comprender qué podía ser tan importante para que yo hubiera apagado la televisión justo en este momento.

Mi padre, sin moverse del sofá, dijo:

—Muy bien, Claudio. Esto es muy serio. Me da igual la razón. Tienes cinco segundos para volver a encender la televisión. Cinco...

Mi madre dijo:

—Cuatro...

Félix dijo:

—Tres...

La abuela Auxi no dijo nada, por supuesto.

Pero mi padre sí. Dijo:

—Dos..., uno...

Yo levanté las manos como si me rindiera y dije:

—Un momento, un momento. Tengo un problema muy importante y necesito que me ayudéis. ¿Qué es peor: chivarse de un amigo, o engañar a un amigo?

—Ahora no, Claudio —dijo mi padre, y señaló la televisión—. No sé si te das cuenta de que estamos en la pregunta de los 60.000 euros, hijo, no sé si te das cuenta.

Mi madre se puso de pie y me hizo señas con la mano para que le diera el mando a distancia.

Dijo:

—Pase que fumes, pero esto...

Yo retrocedí un paso y dije:

—Si tuvierais que elegir entre hacer una cosa que no os conviene, aunque sea justa, y otra que no es justa, pero que os conviene..., ¿vosotros qué haríais?

Mi madre hizo un movimiento con la mano, y fue un movimiento tan rápido, que antes de darme cuenta ya me había quitado el mando a distancia. Mi madre, si se lo propusiera, podría ser muy rápida sacando el revólver, desde luego.

En menos de un segundo o de dos segundos, la televisión ya estaba encendida otra vez.

El concursante todavía estaba en la misma pregunta de antes. Por lo visto había utilizado el comodín y ahora ya no tenía más remedio que dar la respuesta. Movió la cabeza de arriba abajo y dijo:

—¡Ya lo tengo! ¡Mc Arthur! ¡El general Mc Arthur!

—Lo sabía —dijo mi padre.

Pero en la televisión empezó a sonar una sirena y se encendió una luz de color roja, que es lo que pasa siempre cuando la respuesta está equivocada.

—Lo siento —dijo el presentador—. La respuesta correcta es el senador Mc Arthy. El general Mc Arthur fue un general americano que dirigió a las tropas en la Segunda Guerra Mundial.

—Bueno, casi —dijo mi padre.

Aprovechando que todos seguían absortos en la televisión, la abuela Auxi se puso un poco hacia delante y me dijo algo al oído.

Nadie se dio cuenta de que la abuela estaba hablando, ¡hablando!

O más bien susurrando. Pero algo es algo.

A lo mejor es que había llegado el momento de decir algo. O a lo mejor es que la abuela estaba cambiando. O a lo mejor simplemente había dicho algo porque le había apetecido decirlo.

Cuando terminó, la abuela se quedó igual de tiesa que siempre.

Yo me fui al cuarto de baño a pensar un momento en todo lo que me estaba ocurriendo.

A pensar y a lavarme los dientes de paso.

Ahí estaba yo. De pie frente al espejo, mirándome a mí mismo.

Y con el cepillo dándole a los dientes.

Yo pensaba que no, pero resulta que la abuela Auxi sí sabe hablar y me había dicho una cosa. Era una cosa que no tenía nada que ver con lo que yo estaba preguntando en el salón, pero de todas formas ella me lo dijo. Esto fue lo que me dijo la abuela Auxi: «Me cago en tu padre, que por las noches me encierra en el cuarto de la plancha.»

La boca se me había llenado de pasta de dientes, así que terminé de frotar y escupí en el lavabo.

No sé por qué, pero parece que cuando estás

delante del espejo y ves tu cara y tus ojos reflejados y te miras a ti mismo, es el mejor momento para tomar decisiones importantes.

Eso fue lo que hice.

Tomar una decisión importante.

Allí, en el lavabo, delante del espejo, mientras pensaba en lo que me había dicho la abuela Auxi, tomé una decisión que por supuesto no tenía nada que ver con lo que ella me había dicho. Tomé una decisión muy importante, y en ese momento pensé que a lo mejor era la decisión más importante de mi vida.

Aunque seguramente estaba exagerando.

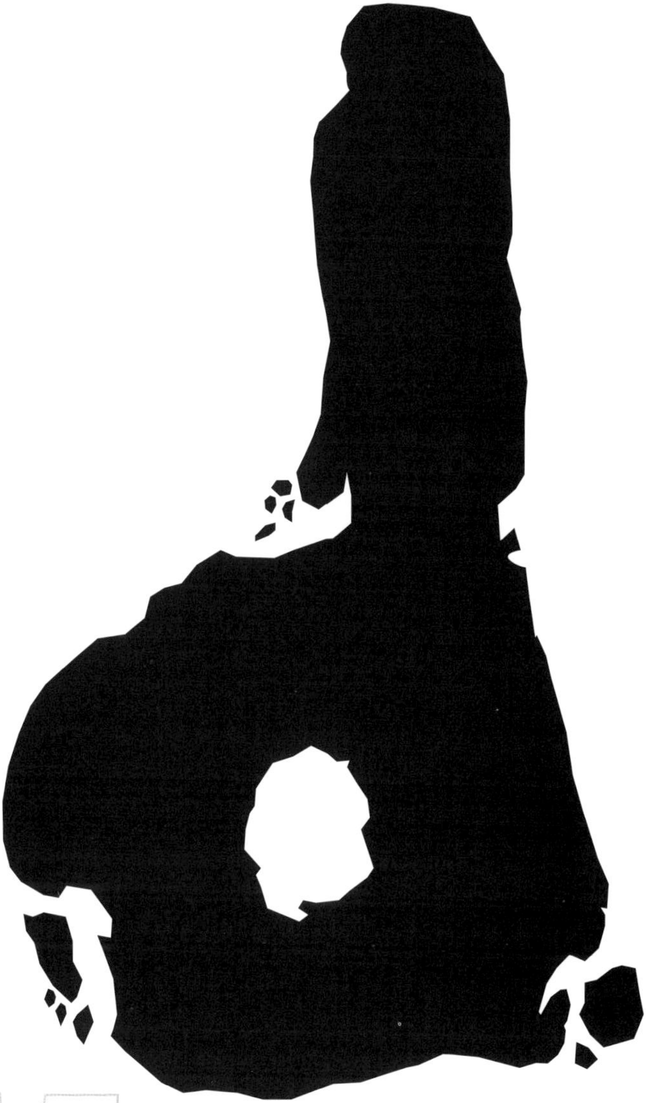

15

Quería pedirte un favor

El reloj del salón de mi casa es un reloj muy viejo y muy grande. Que yo recuerde, siempre ha estado ahí, en medio del salón. No sé si es un recuerdo de familia o qué.

La aguja del segundero iba avanzando lentamente hacia las doce en punto. Yo estaba en pijama, y era de noche. Todo el mundo estaba en su habitación metido en la cama.

La decisión tan importante que había decidido era decirle la verdad a Óscar. Decirle que yo también tenía las preguntas del examen.

Ésa era mi decisión y quería decírselo cuanto antes. Pasara lo que pasara, ya no iba a cambiar de opinión.

Entonces me acerqué al teléfono y, justo cuando la aguja de los segundos llegó a las doce en punto, yo levanté el auricular. Es una cosa que hacemos

Óscar y yo muchas veces cuando queremos hablar sin que nos molesten.

Quedamos en llamarnos a una hora y uno contesta justo antes de que el teléfono suene. Muchas veces no funciona, porque hay que estar muy compenetrado, pero aquella noche sí funcionó.

—Óscar... —dije.

—Sí, soy yo —dijo Óscar.

—¿Puedes hablar? —dije.

—Sí —dijo él.

Y después le dije que quería decirle una cosa.

—Quería decirte una cosa —dije.

—Yo también quería decirte una cosa —dijo él.

—Pero es que la cosa que yo quiero decirte es muy importante y a lo mejor... —dije yo.

—Sí, bueno, lo que yo quiero decirte también es muy importante...

Y así estuvimos un rato. Que si uno tenía algo muy importante que decir, que si el otro también. Que si yo te lo digo antes, que si tú me lo dices después. Hasta que al final, Óscar se puso muy serio y dijo:

—Verás, Claudio, lo que quiero decirte es que... Bueno, quería pedirte un favor. Un gran favor. Un... lo que se llama un favor de amigo. ¿Podrías..., o sea, podrías decirle al director del colegio que tú también sabías las preguntas del examen?

Al principio pensé que había oído mal.

Que había una interferencia en el teléfono.

Que Óscar se había vuelto loco.

¿Cómo podía pedirme una cosa así?

Dije:

—¿Que yo sabía las preguntas del examen? Pero si yo no sabía nada, tío...

Óscar seguía muy serio, y yo oía su respiración y todo.

—Ya sé que tú no hiciste nada —dijo—, pero si te inventas eso, verás, si haces eso por mí, sólo me expulsarían una semana, y podría volver al colegio y... ¿Claudio?

Yo no dije nada.

Estaba totalmente paralizado.

No me podía creer que me estuviera pidiendo eso.

—¿Estás ahí, Claudio?

—Sí...

—Te lo pido porque eres mi amigo, Claudio.

—Ya...

—Te lo pido porque yo haría lo mismo por ti, tú lo sabes.

—Sí, claro...

—Claudio.

—¿Qué?

—Oye, ¿qué era eso tan importante que me querías decir?

De repente ya no tenía ganas de decirle nada.

Yo creo que no es lo mismo hacer las cosas porque tú las quieres hacer, que hacerlas porque alguien te dice que tienes que hacerlas. No sé explicarlo, pero cuando alguien te dice que hagas una cosa, siempre te apetece hacer justo lo contrario.

Le dije a Óscar que ya hablaríamos al día siguiente.

Y colgué el teléfono.

Me fui a mi habitación a leer un rato *La verdadera historia de Pat Garret y Billy el Niño.*

A veces, cuando te pasa algo que no te esperas que te pase, lo mejor es olvidarte y hacer una cosa que sea una cosa muy distinta.

Pat Garret era mayor que Billy el Niño.

Algunos decían que por la edad que tenía podía ser su padre.

Aunque desde luego no era su padre.

Solamente era su mejor amigo.

Para ser amigo de alguien no tienes que tener la misma edad ni nada. Ni siquiera tienes que parecerte. Ni pensar igual. Ni que te gusten las mismas películas o el mismo equipo de fútbol.

Para ser amigo de alguien sólo tienes que ser su amigo.

Nada más.

Mucha gente que era gente muy honrada y muy seria le decía a Pat Garret que ya estaba bien de hacer el loco por ahí con Billy. Que al fin y al cabo, Billy era un chaval, pero que él ya era todo un hombre hecho y derecho y que tenía que sentar la cabeza.

Era una cosa que le decían muchas veces a Pat Garret. Pero él por supuesto no hacía ni caso. Él seguía por ahí con su amigo Billy el Niño.

Pasándolo bien.

Disparando.

Riéndose de la gente seria y honrada que estaba muy escandalizada.

Sin embargo, un buen día Pat Garret cambió. Justo cuando ya nadie creía que iba a cambiar.

La gente había dejado de decirle lo que tenía que hacer.

Y él se cansó de ir de un lado para otro. Sin casa. Sin rumbo fijo.

Nadie sabe muy bien la verdadera razón, pero Pat cambió. Y se hizo *sheriff* y empezó a perseguir a los malos.

Y claro, Billy el Niño era uno de los malos más malos que había.

Pat Garret cambió cuando le dio la gana.

No cuando se lo dijeron.

Ésa es la diferencia.

16 Hemos aprobado Matemáticas

Cuando el profesor de Matemáticas devolvió los exámenes corregidos, el gordo Guillermo se enfadó un montón.

No porque hubiera suspendido.

Se enfadó porque él había sacado un cinco con dos, y yo, un cinco con siete.

La verdad es que era algo que no se entendía muy bien.

Los dos habíamos cogido juntos las preguntas.

Los dos habíamos respondido juntos.

Habíamos hecho todo entre los dos.

Y al final yo había sacado mejor nota que él. Aunque sólo fuera un poco mejor.

Era absurdo.

Por supuesto al gordo no le dije nada de eso. Le dije que yo me había esforzado más.

—Entiéndelo, Guillermo —dije—. Yo me he esforzado más que tú.

Y se enfadó todavía más.

Pero claro, no le podía decir a nadie lo que había pasado. Es lo malo de hacer trampas, que si algo no sale como tú esperas no tienes más remedio que callarte.

Lo importante era que habíamos aprobado Matemáticas.

Y eso no era algo que ocurriese todos los días.

Nada más terminar el colegio me fui a casa muy pronto para enseñarle a mis padres el examen. Se iban a poner muy contentos de que hubiera aprobado Matemáticas. Pensé que a lo mejor se ponían tan contentos que con un poco de suerte dejaban de enviarme al psicólogo y todo.

Antes de que llegaran mis padres a casa, me llamó Belén por teléfono.

Y me dijo muchas cosas.

Por lo visto la había llamado Pili.

Y Belén me dijo que Pili estaba muy enfadada y ella también estaba muy enfadada.

Al parecer hoy era el día de los enfados.

Y luego me dijo que yo era un traidor y que le había prometido que no le iba a contar a nadie el

secreto que ella me había contado y que no se podía fiar de mí y que nunca más me iba a contar nada.

—Nunca más —dijo Belén—. ¿Me oyes? Nunca más te voy a contar nada.

Pensé que seguramente era lo mismo que Pili le habría dicho antes a Belén. Que era una traidora y que no se podía fiar de ella y que nunca le iba a contar nada más.

Ahora todo el mundo en el colegio se había enterado de que Pili se hacía pis, y Belén decía que era por mi culpa y que vaya un amigo.

Yo dije que no era verdad y que yo no había dicho nada.

—Te prometo que yo no he dicho nada —dije.

—¿A nadie? —dijo Belén.

—A nadie —dije yo.

—¿Seguro?

—Segurísimo.

—No sé si creerte o no...

En cuanto Belén colgó el teléfono, marqué el teléfono de Óscar, que era al que yo le había contado el secreto de Pili. Pero el que respondió no fue Óscar. El que respondió fue el padre de Óscar.

—¿Sí? —dijo.

—Hola —dije yo—, ¿puedo hablar con Óscar?

—No. Óscar no puede hablar, está castigado. Si quieres, puedes dejar un recado.

—Entonces, ¿puede preguntarle una cosa de mi parte?

—Tú dirás —dijo el padre de Óscar.

Pensé que, total, ahora ya daba igual que se enterase también el padre de Óscar. Si ya lo sabía todo el mundo, uno más o menos no importaba demasiado.

Pensé eso y después dije:

—Pregúntele a Óscar si le ha contado a alguien el secreto de Pili que yo le conté, por favor.

A través del teléfono oí al padre de Óscar que decía:

—Dice Claudio que si le contaste a alguien el secreto de Pili que él te contó.

Supongo que Óscar estaba a su lado.

A los pocos segundos, el padre de Óscar me dijo:

—Dice Óscar que no.

—¿Seguro? —dije yo.

—Espera un momento —dijo el padre de Óscar—. ¿Seguro?... Que sí, que segurísimo.

—Ya —dije yo—. Dígale que no sé si creerle o no. Y que adiós.

—Vale, vale, pero..., oye... No me vais a dejar así. ¿Qué es eso del secreto de Pili?

Parece que una de las pocas cosas en las que está de acuerdo todo el mundo, tenga diez años o tenga cuarenta años o tenga la edad que tenga, es que los secretos están para contarlos. O sea, que es más difícil guardar un secreto que guardar cualquier otra cosa.

Se lo conté al padre de Óscar, y supongo que después él se lo contaría a alguien en el trabajo o en un bar o algo, y así sucesivamente hasta que al final se enteraría toda la humanidad.

Puede que cuando ya se enterase toda la humanidad, Pili dejaría de preocuparse.

O puede que no.

No tengo ni idea.

Después de hablar con el padre de Óscar, me metí en mi habitación, que era otra vez mi propia habitación, y me encerré dentro.

Quería hacer un experimento.

Me senté en mi cama.

Saqué un mechero.

Y saqué un cigarro. Era un cigarro que le había robado a mi hermano Félix.

Y justo cuando estaba a punto de encenderlo, alguien llamó a la puerta desde fuera.

Mi padre.

—Claudio, hijo, ábreme, haz el favor...

Mi padre dice que dejar de fumar es lo más difícil del mundo, pero que él es capaz de dejarlo, y que si es capaz de eso ya es capaz de cualquier cosa.

Seguía llamando a la puerta cada vez con más fuerza.

—Claudio, sabes que no me gusta que eches el pestillo... Abre. Tenemos que hablar.

Yo creo que mi padre es capaz de muchas cosas. Por ejemplo, es capaz de acusarme de hacer una cosa que yo no hago y mandarme al psicólogo por algo que en realidad ha hecho él. No sé de qué será capaz el día que realmente deje de fumar.

—Escucha, hijo, no tenía otra alternativa —dijo mi padre desde el otro lado de la puerta—. Ya sabes

cómo es tu madre. Además, ir al psicólogo te vendrá bien aunque no fumes. A todo el mundo le viene bien... ¿Claudio? ¿Por qué no me abres, hijo?

Yo me puse el cigarro en la boca y lo encendí muy despacio, como había visto hacer un millón de veces a mi padre.

Le di una calada aspirando mucho el aire.

Y lo que pasó fue que empecé a toser un montón.

Era asqueroso.

Sabía mal.

Me había atragantado con el humo.

Y además los ojos me lloraban un poco.

Yo creo que esto no era para mí. La verdad es que todavía no era un fumador, pero ya estaba pensando en dejarlo.

17 Pili se hace pis

A veces pasan cosas que nadie se espera. Cosas que son increíbles y que, si te hubieran dicho una semana antes que iban a pasar, no te lo habrías creído.

Pero esto ocurrió de verdad.

Toda la clase se puso de pie y todo el mundo estaba muy serio.

Y todos empezamos a cantar:

—¡Pili se hace pis! ¡Pili se hace pis! ¡Pis, pis, pis!

Y parecíamos uno de esos coros del ejército que cantan todos a la vez con sus uniformes relucientes. Sólo que nosotros no teníamos uniformes ni nada.

—¡Pili se hace pis! ¡Sí! ¡Pili se hace pis!

Pero lo más increíble no era eso.

Lo más increíble era que Pili estaba de pie, delante de la pizarra, y nos miraba a todos como si lo estuviéramos haciendo muy bien.

Al lado de Pili estaba el psicólogo, que ya he dicho que también es el profesor de Lengua.

Entonces el psicólogo hizo un gesto con la mano y todos nos quedamos callados de golpe.

El psicólogo miró a Pili y le preguntó:

—¿Ya?

Pili parecía que estaba dudando.

Al final dijo:

—No, un poco más, por favor.

Dicho y hecho.

—¡Pili se hace pis! ¡Pili se hace pis!

Ya he dicho que era muy extraño. Pili parecía que estaba pasándolo bien. Y la verdad es que era divertido cantar aquella canción.

Después de un rato, Pili volvió a su sitio y se sentó tranquilamente.

Resulta que el psicólogo de mi colegio, que también es árbitro de fútbol y es profesor de Lengua, había solucionado el problema de Pili con esa cosa que él llamaba «terapia de choque frontal». Bueno, no es que Pili hubiera dejado de hacerse pis en la cama, es sólo que ahora no le importaba que los demás lo supieran.

Lo cual ya era muchísimo.

A lo mejor no era un psicólogo tan malo después de todo. No lo sé.

El caso es que pasamos un buen rato cantando aquella canción.

Uno nunca sabe cuándo van a ocurrir las cosas.

A veces es en los momentos más inesperados.

Como la abuela Auxi, por ejemplo.

Que estaba todo el día sin decir nada. Bueno, todo el día y toda la noche.

Y lo único que oíamos de ella eran sus ronquidos.

Lo del cuarto de la plancha tampoco solucionó el problema.

Ahora ya no se metía en la cama de mi padre, porque estaba encerrada.

Pero los ronquidos seguían oyéndose. Y mucho.

Así es que hubo que trasladarla otra vez.

Como ella parecía que no tenía muchas ganas de ir a ningún sitio, la llevamos nosotros.

Mi padre la cogió por debajo de los brazos.

Félix, por una pierna.

Y yo, por la otra.

Y entre los tres la llevamos al salón, que es el sitio que está más lejos de todas las habitaciones, más incluso que el cuarto de la plancha.

La llevamos a ella y a su santo hinchable, del que no se separaba nunca.

—En el salón vas a estar más a gusto abuela —dijo mi hermano Félix mientras la trasladábamos—. Ya verás, vas a dormir en un sofá buenísimo, que no es un sofá cama, pero que si lo fuera sería uno de los mejores sofás cama que hay...

—Y además, así vas a poder ver la tele toda la noche si quieres, abuela —dije yo.

Mi padre parecía que tenía mucha prisa.

Nada más llegar al salón, la dejamos encima del sofá.

Mi padre dijo:

—Eso, con televisión y todo. Pero bajita, ¿eh?, bajita, mamá. La tele por la noche, muy bajita.

Mi madre entró en el salón con unos cojines para la abuela.

—Aquí vas a estar de miedo, Auxi —dijo mi

madre—, y más lejos ya no te podemos llevar, así que si aquí se siguen oyendo los ronquidos, entonces ya...

—Todavía queda la terraza —dijo Félix.

—No digas burradas —dijo mi madre.

Mi padre cogió los cojines y se los puso a la abuela en la cabecera.

Mi padre le dio unos golpecitos a la abuela en la espalda.

—De lujo, mamá, de lujo —dijo—. Cuánta gente quisiera tener tele y todo en su dormitorio.

—Lo que no tiene es cama —dije yo.

—No molestes, Claudio... —dijo mi padre, y nos hizo gestos para que nos fuéramos de allí—. Hala, y ahora todos a dormir.

Y nos fuimos cada uno a nuestra habitación.

Pero antes de dormir, mi padre se metió en mi habitación y cerró la puerta y dijo que tenía que hablar conmigo de hombre a hombre.

—De hombre a hombre —dijo.

Y yo me senté, porque me imaginé que eso de hablar de hombre a hombre iba a ser muy cansado.

Mi padre se paseaba de un lado a otro de la

habitación y parecía que estaba pensando mucho lo que iba a decir.

Luego me miró y dijo:

—Yo quiero que me entiendas, Claudio, quiero que me entiendas.

Lo que no dijo es qué quería que entendiera. Así que yo me quedé callado y esperando, por si acaso.

Dijo:

—Entiéndeme, Claudio. Ya sé que no es fácil, pero tienes que hacer un esfuerzo.

Mi padre muchas veces, cuando no sabe qué decir, entonces dice «yo quiero que me entiendas», y lo dice un montón de veces, hasta que se le ocurre algo que decir.

—De verdad, quiero que me entiendas —dijo otra vez—. Si hice eso, Claudio, si dije que eras tú el que fumaba, fue..., verás...

—¿Por qué fue, papá?

—Es muy sencillo... Fue porque...

Mi padre parecía que se lo estaba inventando sobre la marcha. Aunque a lo mejor no. A lo mejor era algo que había pensado hacía mucho tiempo y lo que pasaba era que no sabía cómo decírmelo. No sé. Yo creo que se lo estaba inventando en ese momento. Eso es lo que creo.

Por fin, mi padre tomó aire y me miró como si fuera a decirme un gran secreto y me dijo:

—Claudio, es que tengo miedo a la muerte.

—¿Qué?

Mi padre se puso a caminar otra vez y se encogió de hombros y me dijo:

—Sí, Claudio, tú todavía eres muy pequeño para entenderlo, pero fue el miedo a la muerte lo que me hizo decir eso. Algún día lo comprenderás.

Yo creo que mi padre esta vez había batido todos los récords mundiales de explicaciones absurdas con eso del miedo a la muerte, pero a mi padre, cuando se le mete una idea en la cabeza, no hay quien se la quite.

Así que siguió con lo mismo y me dijo:

—El miedo a la muerte es muy malo. Pero quiero que sepas que, si aceptas seguir yendo al psicólogo..., estoy dispuesto a..., a indemnizarte por todo. Quiero compensarte de alguna manera. Quiero...

—Ya está —dije yo.

—¿Qué? —dijo él.

—Que ya está —dije—. La próxima vez que haga algo malo, no me castigarás. Y te encargarás de que mamá tampoco me castigue.

—Pero eso...

—Has dicho que querías compensarme, papá.

Luego le prometí a mi padre que seguiría yendo al psicólogo y que seguiría fingiendo que era yo el que había fumado y que no diría nada.

Pero a cambio, cuando hiciera algo malo, no me castigarían.

Yo creo que era un buen trato.

Para los dos.

Mi padre sacó un cigarro y dijo:

—¿No te importa que me encienda un pitillo, verdad, hijo? Es sólo para celebrar nuestro acuerdo.

18 Manchas

Por lo visto, una mancha puede ser mucho más que una mancha.

El psicólogo estaba sujetando una lámina con una especie de mancha de color amarillo. Y me la enseñaba como si fuera algo muy importante.

—¿Y aquí?

No era la primera mancha que me enseñaba. Y yo no decía nada. Y él parecía que se estaba cansando un poco y me decía que me concentrara.

—Concéntrate, Claudio.

Cuando el psicólogo de mi colegio te enseña una de sus láminas psicológicas..., no sé, pero parece que te está sacando una tarjeta amarilla. Creo que ya lo he dicho, pero mi psicólogo, además de profesor, también es árbitro.

—Nada, no veo nada —dije—. Una mancha.

—No, eso no vale, tienes que decir algo —dijo él.

Entonces me acordé de mi padre, y pensé que más me valía decir algo si no quería estar allí metido todo el día. Así que dije:

—Está bien. Veo... la muerte, sí.

—¿La muerte? Sí, sí, muy interesante, eso está muy bien. Estamos progresando mucho.

El psicólogo empezó a apuntar cosas en sus fichas, como si ya hubiera entendido todo.

Luego me miró y dijo que necesitaba que le prestara mucha atención, y dijo:

—Muy bien, ahora ordena de mayor a menor importancia las palabras que te voy a decir: el fútbol, las chicas, tus padres y... la muerte.

Yo pensé que en lugar de inventarme más tonterías, le iba a decir una cosa que era verdad a ver qué pasaba.

—Desde que vengo al psicólogo he empezado a fumar —dije.

No es que fuera verdad del todo, pero sí que era cierto que la primera vez que había fumado había sido después de venir al psicólogo.

—Concéntrate en la pregunta que te he hecho, Claudio —dijo él sin hacerme ni caso.

—Y además, creo que ya sé por qué fumo —dije yo.

—Muy bien, ahora me lo dices, pero primero responde.

—No. Se lo voy a decir ya: fumo porque si yo fumo nadie podrá decir que mi padre es un mentiroso cuando dice que yo fumo. Yo le protejo a él y él me protege a mí. Es una especie de acuerdo.

El psicólogo guardó las manchas y miró su cajetilla de tabaco que estaba encima de la mesa.

—¿Le puedo hacer una pregunta? —dije.

El psicólogo no me respondió, así que yo supuse que no le importaría que le hiciera una pregunta.

—¿Usted cree que es bueno para mí que a veces se ponga a fumar delante de mí? —pregunté.

El psicólogo me dijo que yo tenía un problema con la autoridad. Igual que Billy el Niño.

Sólo que yo no tenía pistolas ni nada.

A la salida de la consulta, me fui un rato a casa del gordo Guillermo. Estábamos en su habitación, y Guillermo tenía puesto su casco. Era un casco nuevo de color blanco. De momento no tenía moto y no la tendría en años, pero ya tenía un casco.

Yo le di un euro, y él me dejó mirar por el agujero de su habitación, que hacía mucho que no miraba.

—Un euro, cien segundos —me recordó.

Luego quitó la papelera que tapaba el agujero y yo me tumbé y empecé a mirar.

Belén estaba tirada encima de la cama, estaba con Pili, y las dos tenían los libros de Lengua abiertos y estaban estudiando.

Le pedí al gordo Guillermo que me dejara mirar más tarde, que ahora no estaba pasando nada.

—Es que no está pasando nada interesante —dije.

—Lo siento —dijo él—. No se puede escoger el momento. Has pagado ahora, miras ahora.

Así que no tuve más remedio que ponerme a mirar, aunque no pasaba nada.

Estuve así un buen rato, viendo cómo pasaban las hojas del libro y nada más.

Hasta que de pronto, Belén levantó la cabeza y dijo:

—¿Son de verdad? ¿Estás segura de que son de verdad?

Y Belén le estaba mostrando una hoja a Pili, que tenía otra hoja exactamente igual.

—Segura —dijo Pili.

—No sé —dijo Belén—, me da miedo. Mira lo que le ha pasado a Óscar.

—Pero que le haya pasado a él no significa que nos vaya a pasar a nosotras —dijo Pili.

Y luego dijeron que no podían decírselo a nadie, porque si empezaba a correrse la voz entonces seguro que las pillaban, y que lo mejor era estudiarse primero esas preguntas, y después estudiar también algunas otras por si acaso.

Yo estaba mirando y escuchando y creo que no moví ni un músculo durante toda la conversación.

No me podía creer lo que estaba oyendo.

Ahora resultaba que Belén y Pili tenían las preguntas del examen de Lengua.

Y lo que era peor: yo me había enterado.

Y ellas no sabían que yo me había enterado.

Otra vez la misma historia que con Óscar.

Lo de Óscar y el examen de Matemáticas había acabado muy mal. Bueno, en realidad todavía no había acabado.

Lo que estaba claro es que no quería volver a meterme en otro lío igual.

Ni uno más.

Además a mí la Lengua se me da bastante bien, y pensé que podía aprobar aunque no tuviera las preguntas del examen.

Así que borré de mi cabeza lo que acababa de oír, y cuando el gordo Guillermo tapó el agujero y me preguntó:

—¿Ha sido muy aburrido?

Yo contesté:

—Mucho.

19

Eran las doce de la noche

Cuando Pat Garret se hizo *sheriff,* al poco tiempo se casó, y también se compró una casa con una valla y con un jardín y todo.

Se había acabado la época en la que iba por ahí con Billy el Niño y se divertían un montón y a ninguno de los dos les importaba nada. Por lo menos se había acabado para Pat.

Porque la verdad es que Billy el Niño seguía haciendo de las suyas.

Aunque por poco tiempo.

Ahora el *sheriff* era Pat Garret y era un *sheriff* mucho más duro que todos los que había habido antes, y ya le había advertido a Billy que, si no respetaba la ley, tendría que acabar con él.

Pero a Billy el Niño todo eso de las advertencias le parecía que era muy aburrido y no se las tomaba en serio.

En realidad Billy nunca se había tomado nada en serio.

Pero al poco tiempo, Pat se subió en su caballo y dijo:

—Voy a matar a Billy el Niño.

Y lo dijo muy tranquilo, como el que dice «voy a tomar un café».

Y todo el mundo empezó a murmurar.

Billy había sido su amigo del alma.

Billy era el más rápido del Oeste.

Y además Billy había acabado con todos los que habían intentado atraparle.

Pero todo eso ahora a Pat Garret no le importaba.

Le habían nombrado *sheriff* y tenía una misión que cumplir.

La gente hizo apuestas. ¿Quién acabaría con quién?

Pat Garret y Billy el Niño. El duelo más increíble que nunca había habido en el Oeste.

Pero aún tendrían que pasar un montón de cosas antes de que Pat Garret encontrara a Billy el Niño.

Después cerré mi libro con las tapas de color verde de *La verdadera historia de Pat Garret y Billy el Niño.*

Eran las doce menos un minuto y yo no estaba en el salón de mi casa, porque ahora en el salón de mi casa dormía mi abuela y ya no podía hablar por las noches desde el teléfono del salón.

Yo estaba en la cocina.

Y todas las luces estaban apagadas.

Miraba el reloj despertador de mi habitación que me había traído conmigo y que también tenía segundero.

Exactamente cuando la aguja llegó a las doce, descolgué el teléfono.

—¿Qué quieres? —dije.

Y al otro lado del teléfono estaba Óscar.

—¿Como que qué quiero? —dijo él.

—Sí, llamas para pedirme algo, ¿no?

—¿Para pedirte algo?

Óscar se hacía el loco, como si no supiera de qué le estaba hablando, pero los dos sabíamos lo que estaba ocurriendo allí.

Dije:

—Sí, para pedirme, pedirme.

—No —dijo Óscar—. Sí..., bueno, o sea, sí. Llamo para pedirte... perdón.

—Ah...

—Para pedirte perdón por no compartir contigo las preguntas del examen de Matemáticas. Eso no estuvo bien.

Me quedé callado un momento. La verdad es que no me esperaba que Óscar me pidiera perdón.

Yo estaba preparado para discutir con él. Pero no estaba preparado para eso.

—No te preocupes —dije.

Óscar se quedó callado. Y yo también me quedé callado. Y los dos nos quedamos callados. El silencio a veces es muy difícil, y por teléfono mucho más, así que ese momento de silencio duró muy poco pero a mí me pareció que duró muchísimo.

—¿Algo más? —pregunté.

—Nada más... —dijo él.

—¿No vas a pedirme nada más?

—No. Nada más.

—¿Seguro?

—Seguro.

—Vale.

—Pues vale.

Y después colgamos el teléfono.

No había sido exactamente como un duelo, pero casi.

20 Un beso largo y pegajoso

Ya está.

Decidido.

Se organizó una reunión por todo lo alto en mi clase. Estaba el director del colegio. Estaba el profesor de Matemáticas, el psicólogo, y hasta estaba el jefe de estudios, que sólo viene a mi clase cuando pasa algo muy gordo.

El director cruzó los brazos y tragó saliva.

Entonces, el profesor de Matemáticas, que tenía la regla en una mano, dio un paso al frente y dijo:

—Bien, parece que Claudio tiene algo que decirnos.

Yo respiré muy hondo y me puse de pie y dije:

—Sí, tengo algo que decir.

—No perdamos más el tiempo —dijo el director— Adelante.

Yo miré a Guillermo, que no me quitaba ojo de encima. Y después miré a Belén y a Pili, que parecía

que estaban muy intrigadas. Y cuando ya había mirado a todos, entonces dije:

—Aparte de Óscar, había alguien más que tenía las preguntas del examen de Matemáticas.

Todo el mundo en la clase empezó a murmurar.

Guillermo me miraba como si quisiera asesinarme, pero yo ya no volví a mirar a nadie.

El director de mi colegio, yo no sé si lo hace aposta, pero a veces es un poco chulo. Dijo:

—Dime algo que no sepa, Claudio.

—Yo —dije.

—¿Tú qué?

Bajé la cabeza un momento, como si lo que tenía que decir me diera mucha vergüenza. Y vi que tenía los cordones de mi zapatilla desatados. Pero claro, no iba a ponerme a atarlos justo en ese momento.

Así que volví a subir la cabeza y dije:

—Que yo también sabía las preguntas del examen de Matemáticas.

Y ya no dije nada más.

Luego pasaron muchas más cosas, pero yo no volví a decir nada más.

Miré a Guillermo. Por un momento, pensé que a lo mejor él también iba a decir algo, pero Guillermo me miró moviendo la cabeza, como diciendo «yo no quiero saber nada de todo esto».

Y a mí no me pareció mal.

Yo había decidido lo que quería hacer. Y Guillermo estaba en su derecho a elegir lo que mejor le diese la gana.

El jefe de estudios abrió la puerta de la clase y dijo que tenía una sorpresa, igual que en los programas esos de televisión en los que de repente aparece alguien que hace muchos años que no ha visto a su padre o a su tío abuelo, y es todo muy emocionante. Abrió la puerta y apareció Óscar, que por lo visto estaba esperando al otro lado y estaba oyéndolo todo.

Entre el director y el jefe de estudios interrogaron a Óscar y le preguntaron si me había dado las preguntas del examen de Matemáticas, y Óscar se lo pensó un rato y al final me miró y dijo que sí, que me había dado las preguntas.

El jefe de estudios dijo varias veces que era inconcebible que pasara algo así en un colegio como el nuestro.

—Esto es inconcebible —dijo.

Y luego me dijo que recogiera mis cosas.

Al pasar al lado de Óscar oí que me decía:

—Gracias.

Lo dijo muy bajito, pero yo lo pude oír perfectamente.

—Gracias.

Hay cosas que no hace falta decirlas muy altas para poder oírlas.

Metí todos los libros en la mochila y me fui a mi casa, y antes de irme el director me dijo que esto era muy grave y que ya me comunicarían lo que habían decidido.

En casa no me preguntaron por qué había vuelto tan pronto ese día. Mi padre no estaba y mi madre estaba muy ocupada haciendo una tarta.

A mi madre no se le da muy bien hacer tartas ni nada de eso.

Normalmente las tartas las compra en una pastelería que está de camino a la oficina.

Pero ese día parece que era un día muy especial y ella se empeñó en que tenía que hacer una tarta y que tenía que hacerla con sus propias manos y estuvo un montón de tiempo en la cocina haciéndola y se puso un poco nerviosa porque no estaba muy acostumbrada y cuando yo entré en casa lo único que me dijo fue:

—Ten cuidado con esa cazuela.

Era una cazuela que estaba llena de leche y de huevos, y a mi madre en ese momento le parecía que era la cazuela más importante del mundo.

Así que yo creo que no se enteró de que yo había vuelto antes de lo normal ni nada.

Luego, después de cenar, mi madre sacó la tarta y dijo que la tarta se le había quemado un poco pero que daba igual, que lo verdaderamente importante no era la tarta.

—Lo verdaderamente importante no es la tarta.

Y se puso de pie y dijo que hoy era un gran día.

La abuela Auxi empezó a comerse la tarta sin esperar a que mi madre terminara de hablar ni nada.

Pero a mi madre parecía que no le importaba nada, porque estaba muy entusiasmada.

—Tengo que decir que estoy muy orgullosa de vuestro padre —dijo mi madre.

Y le dio un beso a mi padre en la frente.

Félix también empezó a comer tarta disimuladamente.

Mi madre se puso muy seria y dijo:

—Vuestro padre ha cumplido su primera semana sin fumar y, la verdad sea dicha, ha sabido llevarlo con mucha entereza y valentía.

Félix y yo nos miramos y no dijimos nada.

Últimamente era como si todo el mundo prefiriese callarse algunas cosas.

Mi madre siguió diciendo cosas, y dijo que mi padre era un auténtico héroe, y que todos teníamos que seguir su ejemplo, y que dejar de fumar es algo muy difícil y que requiere una voluntad de hierro.

—Una voluntad de hierro —dijo mi madre.

Mi padre sonrió y dijo:

—Bueno, tampoco hay que exagerar, cariño.

Después mis padres empezaron a besarse en la boca y mientras tanto la abuela, Félix y yo nos comimos la tarta quemada, que en realidad no estaba muy buena, pero por lo menos era una tarta.

Mientras masticaba un trozo de tarta, pensé que aprender a estar callado no es nada fácil. Tienes que hacer un gran esfuerzo de concentración.

Yo tenía muchas ganas de decirle a mi madre que mi padre no había dejado de fumar ni un solo día, pero total para qué, ellos son adultos y saben muchísimo mejor que yo lo que hacen.

Además, yo había hecho un trato con mi padre. Y un trato es un trato.

Mis padres estuvieron besándose un buen rato allí en medio del salón.

Hacía mucho tiempo que no los veía darse un beso como ése.

Un beso tan largo.

Y tan pegajoso.

21 No me lo puedo creer

Guillermo no se lo podía creer.

Belén no se lo podía creer.

Pili no se lo podía creer.

Y por supuesto, Óscar no se lo podía creer.

—No me lo puedo creer —dijo Óscar.

—Pues ya ves —dije yo.

—A ver, a ver —dijo Guillermo—. Entonces, ¿tus padres no te han castigado?

—No —respondí yo tranquilamente.

—¿Ni un poquito? —preguntó Óscar.

—Nada —dije.

—Esto es increíble —dijo Óscar—. Yo me he pasado un montón de días encerrado en casa, incomunicado, y todavía sigo castigado, y tú..., nada, ni un día castigado. Ni te han prohibido ver la tele, ni te han quitado los videojuegos, ni nada.

—Nada —repetí.

—O sea —dijo Guillermo—, que te echan una

semana del colegio, y a tus padres les ha parecido bien, vamos.

—No, no les ha parecido bien, pero tampoco me han castigado.

—Pues no lo entiendo —dijo Guillermo, y se puso su casco nuevo de color blanco.

Guillermo a veces iba por la calle con su casco puesto. Como si fuera un motorista que se acababa de bajar de la moto. Sólo que él no tenía moto. Pero claro, eso nadie lo sabía.

Belén se puso a mi lado y me dijo:

—Qué suerte, ¿no?

Y yo pensé que la suerte no tenía nada que ver con todo esto. Que había hecho un trato con mi padre. Y que mi padre había discutido un montón con mi madre para convencerla de que no tenían que castigarme. Y que si mi padre no hubiera intentado dejar de fumar, yo ahora mismo estaría castigado.

Pensé todo eso y también que no tenía ganas de contar toda la historia del tabaco. Así que dije:

—Sí, qué suerte.

A mí sólo me habían expulsado del colegio una semana.

Y a Óscar también le habían rebajado la expulsión a una semana.

Los dos teníamos que estar contentos.

—Eso no es una expulsión —dijo Belén—. Eso son unas vacaciones, una semana de vacaciones.

Yo me encogí de hombros y todos empezaron a decir que mis padres eran los mejores padres del mundo y que haría falta que los demás padres aprendieran de los míos y no sé cuántas cosas más.

Y así fueron todos hablando hasta que llegamos a la plaza.

Pili era la única que iba muy callada.

Yo noté que miraba a Belén y que estaba un poco nerviosa, y yo sabía por qué, pero no quería decir nada.

Entonces Pili ya no pudo aguantarse más, y dijo:

—¿Se lo decimos o qué?

Y Belén la miró y dijo:

—Lo que tú quieras.

Guillermo, Óscar y yo las miramos, y yo dije:

—Si es algo privado no hace falta que...

Pero ni siquiera pude terminar la frase, porque Pili me cortó.

—Es que es algo que es muy fuerte —dijo.

—Muy fuerte —dijo Belén.

—Resulta que he conseguido las preguntas del examen de Lengua —dijo Pili.

—¡No! —dije yo.

—Sí —dijo ella.

—Sí, de verdad —dijo Belén.

Guillermo se puso muy serio y se bajó la visera del casco.

Óscar le dio una patada a un bote de Coca-Cola que había en el suelo.

Se acabó: lo habían dicho.

Belén y Pili tenían las preguntas del examen de Lengua. Y lo malo no era eso, lo malo era que ahora nosotros también lo sabíamos.

Empecé a imaginarme la cantidad de cosas que iban a pasar con ese examen. A quién iban a pillar y a quién no. A quién expulsarían del colegio. A quién castigarían. Quién se enfadaría con quién.

En fin.

Empecé a imaginarme todo eso y me puse muy nervioso.

Óscar estaba muy serio. Dijo:

—¿Tenéis las preguntas ahí?

—Aquí mismo —dijo Belén, y le hizo un gesto a Pili, que sacó una hoja de su mochila con las preguntas.

Era una hoja blanca con un montón de preguntas que alguien había escrito con un ordenador y que luego alguien había hecho una fotocopia.

Se hizo un momento de silencio absoluto.

Estábamos los cinco muy callados, mirando la hoja.

Como esperando a que pasara algo.

Y entonces, casi al mismo tiempo, Óscar dijo:

—Al fin y al cabo...

Y Guillermo dijo:

—Después de todo...

Y yo dije:

—Ya que estamos...

Y cogimos la hoja y empezamos a copiar las preguntas a toda velocidad por si acaso pasaba alguien y nos pillaba.

Una cosa es que no quisiéramos meternos en más líos.

Y otra, que nos hubiéramos vuelto idiotas.

A ver quién es el listo que puede resistirse ante una cosa así. ¡Las preguntas del examen de Lengua una semana antes del examen!

Después ya veríamos qué pasaba.

Como dice siempre mi madre:

—Una cosa es una cosa y otra cosa es otra cosa.

Luego todos se fueron y yo me quedé un momento a solas con Belén.

Y le pregunté si quería venir conmigo al cine.

Pero lo más increíble no fue que yo le preguntara eso.

Lo más increíble fue que ella me dijera que sí.

—Vale —dijo.

Cuando estábamos en el cine, Belén me dijo que estaba muy orgullosa de mí, que me había portado muy bien con Óscar con todo eso de decir que yo también tenía las preguntas del examen delante del director y delante de todo el mundo, y eso aunque yo no tenía las preguntas.

Yo tenía la boca llena de palomitas y no dije nada.

—Shhhhhh —dijo alguien.

Una mujer que estaba sentada detrás de nosotros dijo que nos calláramos de una vez, que la película estaba a punto de empezar.

—Shhhh..., silencio.

Pero Belén no le hizo ni caso, y me dijo:

—Dime la verdad, Claudio.

—¿Qué?

—¿Tenías o no tenías las preguntas del examen de Matemáticas?

Yo la miré y pensé que ojalá pasara algo y no tuviera que contestar a esa pregunta.

—Di, ¿las tenías o no las tenías? —dijo Belén.

Y entonces pasó algo.

La película empezó.

Y la señora de atrás se puso muy seria y dijo que ya estaba bien y que si no nos callábamos ahora mismo iba a llamar al acomodador.

Yo me metí un montón de palomitas en la boca, miré a Belén y me encogí de hombros.

22 Billy no está aquí

Pat Garret recorrió todos los sitios y todos los pueblos y todos los escondites donde había estado con Billy el Niño durante muchos años.

Pat Garret era un hombre que tenía mucha paciencia.

Iba con su caballo y en todos los lugares le decían lo mismo:

—Billy no está aquí.

Pero él no se desanimaba.

Quería encontrar a Billy, y sabía que al final lo iba a encontrar.

Dicen que Billy el Niño pudo haber acabado con él muchas veces, pero que Billy no quería matarle, sólo quería que Pat Garret se cansase de buscarlo y al final le dejara en paz.

Dicen muchas cosas que no se sabe si son verdad.

Lo único que es seguro es que Pat Garret estuvo varios meses buscándole por todas partes.

Ya he dicho que el libro de *La verdadera historia de Pat Garret y Billy el Niño* me lo regaló hace mucho la abuela Auxi.

No parece un libro muy normal para que una abuela se lo regale a su nieto pequeño.

Pero es que la abuela Auxi no es muy normal.

Pensé que quizá la mejor forma de entenderme con ella era hacer algo que no fuera muy normal.

Así que fui a buscarla al salón, y la traje a mi cuarto.

Le expliqué que ése era el libro que ella me había regalado por mi cumpleaños y ella no sé si es que no se acordaba o si simplemente le daba igual, pero se encogió de hombros y se puso a mirar al techo.

A mí la abuela no me podía engañar con sus cosas.

Yo sabía perfectamente que se enteraba de todo, y que si le daba la gana incluso podía hablar.

Abrí el libro por el último capítulo y empecé a leer.

«Mientras fueron buenos amigos, Pat Garret y Billy el Niño nunca tuvieron novia. No tenían tiempo porque no pasaban más de veinticuatro horas en ningún sitio. Ésa era la mejor forma de impedir que nadie los atrapara...»

La abuela se sentó a mi lado, en la cama.

Y yo le conté el final de la historia.

Resulta que Pat Garret llegó una noche a un pueblo que estaba en la frontera con México. Era un pueblo pequeño igual que otros muchos pueblos en los que había estado últimamente. Y cuando preguntó, le dijeron lo mismo de siempre:

—Billy no está aquí.

Pero Pat prefirió asegurarse.

Y dio una vuelta por las calles del pueblo.

Era muy tarde y casi todo el mundo estaba ya durmiendo.

Sólo había unas pocas luces encendidas, y de vez en cuando se escuchaba alguna canción muy triste que salía de alguna de las casas del pueblo, que estaban todas pintadas de blanco.

Lo de las canciones no sé cómo lo pueden saber, pero el caso es que eso era lo que ponía en el libro.

Después de un buen rato, Pat vio algo que le llamó la atención. Vio que había un chico joven que estaba dando de comer a unos caballos. Los caballos parecían muy cansados y aún tenían las sillas de montar puestas. El chico parecía muy preocupado en limpiar y dar de comer y beber a los caballos. Aquello no habría tenido nada de extraño si no hubiera sido por la hora. ¿Por qué alguien tenía tanta prisa en alimentar a unos caballos a esas horas de la madrugada?

Sólo había una respuesta posible: eran de alguien que tenía mucha prisa.

De alguien que viajaba de noche.

De alguien que seguramente huía.

Pat Garret sacó su revólver y entró en un pequeño patio que estaba junto al corral de los caballos.

Se quedó en mitad del patio oculto por las sombras de la noche, esperando. Era lo que mejor se le daba a Pat. Esperar.

Y después de una hora aproximadamente vio una figura de alguien que le resultó muy familiar.

Era Billy el Niño.

Billy salió al patio y se acercó a una fuente y se

echó agua por la cara. Al parecer Billy no llevaba su pistola.

Pat Garret había esperado mucho tiempo ese momento.

Ya le había advertido a Billy desde hacía varios meses. Le había dicho que los tiempos habían cambiado y que no podía seguir por ahí robando y disparando a la gente honrada y que ahora él era el *sheriff*.

Y Billy no le había hecho ni caso.

Así que Pat Garret no se lo pensó.

Quitó el seguro de su revólver y disparó.

Varias veces.

Hasta que se quedó sin balas.

Y se fue de allí sin decir nada.

Pat Garret era un hombre de pocas palabras. Y además quería volver a su casa cuanto antes. Su mujer le estaba esperando.

Cuando encontraron el cuerpo de Billy el Niño, organizaron una gran fiesta en su honor que duró una semana entera, con sus siete días y sus siete noches. Y la música no dejó de sonar ni un solo momento. Algunos querían darle el último adiós a Billy porque había sido un gran pistolero. Otros le echaban de menos porque siempre había robado a los poderosos y era un rebelde y un gran hombre. Y otros celebraban que se hubiera muerto porque le tenían miedo.

Pero todos coincidían en una cosa: no había nadie como Billy el Niño.

Nadie.

La verdad es que era muy raro estar allí sentado, en mi habitación, contándole a mi abuela aquella historia de pistoleros.

Pero era una sensación que me gustaba.

Creo que a ella también.

Me miró y dijo:

—Vaya historia.

Y yo le dije que era una tontería que durmiera en el salón, que si quería podía quedarse en mi habitación, que a mí no me importaba compartir mi cuarto.

También le dije que el gordo Guillermo me había hablado de unas pinzas especiales que te pones por la noche y que por lo visto no roncas.

Y lo último que le dije es que le había comprado una linterna por si se quería levantar de la cama y que así no se equivocaría de habitación.

La abuela me miraba como si no se pudiera creer que yo le hubiera dicho todo eso.

No me extraña. Porque ni yo mismo me lo termino de creer muy bien.

¡Invitar a mi abuela para que se quedara a dormir en mi cuarto!... No sé explicarlo, me salió así y ya está. A lo mejor es que me había vuelto una buena persona de repente. O a lo mejor es que la abuela me caía bien. O a lo mejor lo hice para llevar la contraria a mis padres. Quién sabe. Lo hice y ya está. Aunque si la abuela me decía que no, tampoco pensaba insistir.

La abuela lo único que dijo fue:

—Vaya historia.

Y ya no sé muy bien a qué se refería. Si a lo de Pat Garret y Billy el Niño, o a que le ofreciera mi cuarto o a qué.

Quién sabe.

Por lo visto lo de Pat Garret no acabó ahí.

Algún tiempo después, los mismos que le habían nombrado *sheriff* le hicieron una emboscada y acabaron con él.

Pero ésa es otra historia.